藤代三郎

外れ馬券に帆を上げて

ミデアム出版社

目次

目次

目　次

初出／週刊Ｇａｌｌｏｐ
レース結果／週刊Ｇａｌｌｏｐ
（レース結果欄の予想印はサンケイスポーツ本紙予想です）

装丁／カバーイラスト　高柳　一郎

第一章　3連単人生の長い旅

東西の金杯を的中という快挙

２０２０年の競馬を始めるに当たって、１年間の方針を決めた。今年は、３連単しか買わない！

勝ち組に入るには３連単しかないのだ。ワイドとか馬連とか３連複とか、いろいろ迷ってきたけど、今年は３連単で行く。その買い方はレースによって変えていくが、総点数は30点程度にとどめ、万全は期さないこと。裏を食ったら諦める、との方針でいく。万全を期して点数を増やすと、そのぶんだけ外れたときにマイナスが膨れ上がるから、これは要注意だ。それで狙うのは３００倍。その程度でいい。つまり、投資金額の10倍。それで10レースに一つ当たればチャラ。３００倍以上が当たればプラス。これでいい。

そう決めて迎えた初日の競馬で、いきなり３連単を買ってみた。中山２Ｒである。３歳の未勝利ダート１８００ｍ戦だが、１番人気の②ブリジャール、２番人気の⑯ジーマックス、３番人気の⑦リッターシュラーク、この３頭が強そうなレースだが、１番人気の②が消えたらおいしいよな、と思ったらむずむずしてきた。②ブリジャールの単勝は1・5倍なのである。鞍上はマーフィー。去年までなら「蹴飛ばすとおいしい」などとは絶対に思わなかったろうが、アーモンドアイだって飛ぶんだから、未勝利戦の1番人気なんて怖くはない。というわけで、⑦リッターシュラークと⑯ジーマックスの２頭を中心に馬券を組み立てた。すると、⑦リッターシュラークは後方からの競馬で、おいおい、と心配になったが、３コーナーから猛烈にまくって、最後は綺麗に差し切ってしまった。問題は⑦に差された２着馬がダントツ人気の②ブリジャールだったこと。離れた３着が⑯ジーマックス。ようするに上位人気３頭の決着だったわけで、あれこれ買ったのがバカみたい。３連単の配当は３７５０円。②ブリジャールが3着なら3連単は60倍で、こちらは結構押さえていたが、２着では元金が倍になっただけ。そうなのだ、私、ダントツ人気の②がやっぱり怖くて最後に押さえてしまったのである。万全を期さない、と固く決意したというのに、すぐに訂正するんだからだらしがない。しかし当たったことに変わりはなく、今年の初当たりである。

今年はもう一つ決めたことがあって、それは購入レースを極端にまで絞ること。たとえば金杯の日は、中山２Rの次に買うのは中山７Rなのである。その次は東西の10Rと、東西の金杯。つまり全部で６レースだ。途中で我慢できずに買ったレースがあるので、終わってみたら購入レースは全部で10レースに増えていたが、このくらいの誤差ならいいだろう。

ただし、3連単専門というラインを守るのはなかなか難しい。たとえば東西の10Rで私が軸にしたのは、両方とも6番人気の馬なのである。しかもその2頭がともに3着にきたのだ。しかし3着馬券は買ってないので両方ともに外れ。具体的に書くと、中山10Rサンライズ S で私が軸にしたのは、⑨インスピレーション。京都10Rの軸は、⑦ロードラズライト。3連単の配当は、中山が9230円。京都が2万1970円。たいした配当ではないが、軸馬が3着にきたのに外してしまうと、なんだかちょっと悔しい。3連複の配当は、東が2570円、西が4460円。3連複にしておけば、もちろん東西ともに仕留めていた。この結果を前にすると、3連単専門なんて決めつけないで、レースによっては3連複にしてもいいのではないか、と途端にぐらついてくる。それとも、ワイド作戦をしていたときは、馬連の配当がまったく目に入らなかったから、3連単を専門にやっているとそのうちに3連複の配当など気にならなくなるのだろうか。これればかりはしばらくやってみないとわからない。

しかししかし、3連単はやっぱり素晴らしい。中山金杯の3連単を仕留めたのだ。⑦トリオンフ（2番人気）と、⑧ウインイクシード（6番人気）を1～2着に置いて3着を流したら、11番人気の①テリトーリアルが3着したので、3連単が10万7910円。3着を争った④ノーブルマーズ（10番人気）と⑥マイネルハニー（15番人気）は1円も買っていなかったから、きわどかった。しかも京都金杯まで仕留めたから、我ながら驚く。もっともこちらは3連複（219倍）だから、あまり威張れない。軸馬の⑦ボンセルヴィーソが18頭立て14番人気だったので3連単を買う勇気がなかった。あとから考えれば、3着固定で買えばよかったのだ。そうすると、8万3460円がヒットしていた。しかし、逃げ切りなんてことがあったら、3連単の配当は跳ね上がるだろうから、3着固定も買いづらく、結局は3連複にしたのである。それにしても東西の金杯を当てたことも初めてだが、1000倍と200倍をゲットするなんて私にとっては奇跡的な出来事といっていい。長く競馬をやっていれば、こういうこともあるということだろうが、とりあえず快調なスタートである。このまま順調に行きますように！

3連複を押さえるべきか

1回中山3日目の9R朱竹賞。3歳1勝クラスの芝1200m戦だが、1着欄に置いたのは③ヒメサマ（10番人気）、⑤シオミチクレバ（5番人気）、⑯シゲルミズガメザ（6番人気）の3頭。2着欄に置いたのは、①コスモカルナック（2番人気）、⑥マイネルヘイト（3番人気）、⑫インザムービー（1番人気）の3頭。3着欄はこの1～2着に置いた6頭プラス2頭（②ネバーゴーンアウトと⑨エイリアス。7番人気と4番人気の馬だ）。このフォーメーションで54点。ようするに、1着欄には人気薄を置いたので2着欄には1～3番人気の3頭を置いたわけである。1着欄に置いた3頭は2着欄に置いてないので、その人気薄3頭が1～3着を独占したら馬券も外れるわけだが（あとで調べたらそのケースの配当は約25万であった）、そんなうまい話はないだろうという私の考えが、このフォーメーションに表れている。人気薄3頭のうちの1頭が1着にきてくれれば十分なのだ。そして本当にきた。このレースを勝ったのは5番人気の⑤シオミチクレバ、2着が2番人気の①

コスモカルナック、3着が6番人気の⑯シゲルミズガメザ。3連単の配当は5万5410円だった。面白いじゃないの3連単。今年は3連単でいく、と宣言して、中山金杯でいきなり10万馬券をゲットしたが、その金杯に次ぐヒットである。

今週は惜しいレースがあったのだが、その話の前に、3連単レースは意外に少ない、ということも書いておきたい。朱竹賞を当てた1回中山3日目も、3連単を購入したのは中山9R以外に京都2Rだけ。つまり1日2レースだ。じっくり検討していくと、そんなものになる。ある程度自信がなければ（たとえそれが錯覚であっても）3連単など買えるものではない。穴ならこれだろうとか、この人気馬は2着までなのではないかとか、全体が見えてこないと買えないのだ。京都2Rは2頭を1〜3着に置いて、2〜3着欄に2頭、3着欄のみに4頭。これで36点である。レースによって買い方を変化させているのである。いま迷っているのは、3連単購入レース以外のレースに手を出すのをやめて、その資金を3連単購入レースの押さえ馬券に回したほうがいいのではないか、ということだ。ようするに着順を固定するフォーメーションを基本にしているので、着順が少しでも違えば私の馬券は簡単に外れてしまう。その押さえを買ったほうがいいんだろうか。

というのは、1回京都5日目の9R乙訓特別（4歳以上2勝クラスの芝1200m戦）の例があるからだ。この日の3連単レースは京都6R（3歳1勝クラスのダート1400

1回京都5日　9R　乙訓特別

着順	予想	枠番	馬番	馬名	性齢	斤量	騎手	タイム	着差	通過順	上り	人気	単勝オッズ	体重増減	厩舎
1		❷	③	ヒルノマゼラン	騸7	57	古川吉	1.10.2		6 6	中34.9	⑧	26.2	498+ 4	栗東尾　貢
2	○	❸	⑤	キャスパリーグ	牝6	55	福永祐	1.10.3	½	9 9	中34.6	②	4.4	462- 4	栗東浅見秀
3	△	❺	⑧	ピエナミント	牝5	55	武　豊	1.10.3	頭	11 12	外34.5	④	8.2	468+10	栗東飯田祐
4	◎	❽	⑭	カレンモエ	牝4	54	北村友	1.10.3	首	3 3	中35.2	①	2.1	464+ 8	栗東安田隆
5		❽	⑮	ジオラマ	牡7	57	幸　英	1.10.3	鼻	3 3	外35.2	⑪	58.2	530+ 4	栗東西園正
6	▲	❹	⑦	ヴォイスオブジョイ	牝4	54	川田将	1.10.4	½	11 9	中34.7	③	7.5	458+ 2	(北)水野貴
7		❺	⑨	ウィズ	牡5	57	フォーリ	1.10.5	¾	2 2	中35.6	⑤	13.1	488 0	栗東清水久
8		❼	⑬	レストンベ	牝4	54	斎藤新	1.10.6	¾	13 13	外**34.3**	⑬	141.3	466+ 2	(南)斎藤誠
9	△	❷	②	ゴッドバンブルビー	牝4	54	藤岡佑	1.10.7	½	13 13	中34.4	⑥	18.4	458+ 2	栗東飯田祐
10		❸	④	シュエットヌーベル	牝6	55	藤井勘	1.10.8	½	9 9	内35.2	⑫	102.3	476+26	栗東羽月友
11	◬	❹	⑥	シグナライズ	牝5	55	岩田康	1.10.9	¾	15 15	内34.4	⑨	33.8	496+ 4	栗東西浦勝
12		❻	⑪	メイショウシャチ	牡7	57	坂井瑠	1.11.3	2½	7 8	中35.9	⑭	181.3	486+10	栗東石橋守
13	△	❻	⑩	ノヴァルーナ	牝6	55	菱田裕	1.11.4	¾	1 1	内36.9	⑮	198.6	470- 4	栗東橋口慎
14	△	❼	⑫	セプタリアン	牡4	56	松山弘	1.11.6	1½	7 7	外36.2	⑦	21.1	508+ 8	栗東池添学
15		❶	①	キョウワヒラリー	牝6	55	鮫島駿	1.12.5	5	3 3	内37.4	⑩	48.6	512+ 4	栗東角田晃
				ラブミーファイン	牝4	54	和田竜	（取消）		馬番発表前					栗田所秀

単③2620円　複③490円　⑤150円　⑧210円　　ブリンカー＝③④⑩⑫①
馬連③―⑤6440円⑰　　枠連❷―❸2570円⑨
馬単③―⑤17980円㊿　３連複③⑤⑧12330円㊱
３連単③⑤⑧108630円275
ワイド③―⑤1520円⑰　③―⑧2190円㉑　⑤―⑧580円⑤

m戦）と、この京都9R乙訓特別の2レースだけなのだが、京都6Rを外して迎えた京都9Rが実に惜しかった。乙訓特別で1着欄に置いたのは、③ヒルノマゼラン（8番人気）、⑫セプタリアン（7番人気）、⑭カレンモエ（1番人気）の3頭。2着欄は、⑦ヴォイスオブジョイ、⑧ピエナミント、⑨ウィズという3〜5番人気の3頭。3着はこの6頭の他に②ゴッドバンブルビー（6番人気）と、⑤キャスパリーグ（2番人気）の2頭で、計8頭である。私が基本とする54点買いのフォーメーションだ。

レースはまるでハンデ戦のように面白かった。ゴール前は大混戦。最後の最後に8番人気の③ヒルノマゼランがぐいっと抜け出して1着。リプレイを見れば2着も⑤キャスパリーグで歴然で、その時点で私の馬券は外れているから3着がなんであっても関係がないのだが、その3〜5着争いがクビ、ハナの差なので、最初はなにがなんだかわからなかった。どどどっとなだれ込んだので、えっ、いったい何がきたの、と言いたくなるような大混戦だったのだ。結局3着は⑧ピエナミント。しばらくしてから気がついたのだが、つまり、2着と3着が入れ替わっていれば私の馬券が当たったことになる。その差はアタマ、念のために入れ替わっていたらいくらだったのか調べてみた。するとなんと12万。おいおい。私が感じいったのはこの3連複が123倍だったことだ。買わなかったっけ、と未練がましく購入履歴を調べてしまったが、買っていません。3連複を押さえるべきなのか、心は千々に乱れる。

3日間競馬は、土曜に550倍をゲットするも日曜月曜の2日間がボウズだったので、結局金杯の勝ちを含む年明けすべての浮きを全部吐き出してスタート地点に逆戻り。マイナスになったわけではないからまだいいのだが、これからの道のりを考えると不安になる。3連単作戦は、年明け5日間で2本当たったことになるが、これは出来すぎで、3連単なんてそう当たるものではない。今後はたぶんボウズが続くだろう。その長い道のりをお前は耐えられるのか、と心配になってくるのである。本当に大丈夫なんだろうか。

ワセダインブルー！

まずは先週の反省から。1回京都5日目の9R乙訓特別だ。この3連単10万馬券をなぜ取り逃がしたのか。繰り返しになるが、私の買った馬券を再度書いておく。1着欄と3着欄に置いたのが、③ヒルノマゼラン、⑫セプタリアン、⑭カレンモエ。2着欄と3着欄に置いたのが、⑦ヴォイスオブジョイ、⑧ピエナミント、⑨ウィズ。3着欄のみに置いたのが、②ゴッドバンブルビー、⑤キャスパリーグ。このフォーメーションで54点である。結果は、③→⑤→⑧で、10万8630円。⑤と⑧が入れ替わっていたら当たっていたのだが、ではなぜ私は⑤を2着欄に置けなかったのか。この⑤を2着に置いておけば、10万馬券は簡単に当たっていたのである。その原因は、簡単だ。⑭を1着欄に置いてしまったことである。いいですか繰り返しますよ。私が1着欄に置いたのは、③⑫⑭の3頭である。人気は順に、8番人気、7番人気、1番人気だ。1番人気の⑭さえ1着欄に置かなければ、⑤を2着欄に置くことができた。しかし、⑭が1着欄にいるかぎり、⑤を2着欄に置くことはできない。

なぜなら、⑤は2番人気だったからだ。1着が1番人気で、2着が2番人気なんて、よほどの超人気薄が3着にこないかぎり穴馬券は望めない。だから、⑭を1着欄に置いた瞬間に、⑤は3着欄にスライドしてしまうのである。そもそも、このレースで1番人気を1着欄に置くことが間違いだ。なぜなら1着欄に置いた他の2頭は、8番人気と7番人気なのである。つまり、このレースでは穴を狙っていたということだ。にもかかわらず、残る1頭に1番人気を選んでしまったのは、最後に弱気になったからにほかならない。ようするに、中途半端なのだ。穴なら③と⑫だろうが、怖いから1番人気の⑭も1着に置いておこう、と腰が引けているのだ。この場合はせめて5番人気の⑨ウィズあたりを1着に置くべきであった。そうすると、1着欄が8番人気、7番人気、5番人気の3頭になるから、2着欄に2番人気の⑤キャスパリーグを安心して置くことができる。

8番人気の1着を当てるなんてことは少ないのだから、そういうときこそ、他の着順をぴたりと当てなければならないのに、肝心のところでポカをしてしまうとは勝負弱い。この3連単フォーメーション、3頭→3頭→8頭の54点買いは、そもそも8頭を選んでいる。その8頭のなかに1～3着が全部入ってなければまず話にならないのだが、その次に大事なのは、1着候補3頭の中に本当に1着馬がいるかどうかだ。ここがいちばん難しい。それをクリアできないことが実際には多い。だから、せめて1着馬を当てたときくらい、2

～3着を当てたいのだ。自分の推理が外れるのはかまわないが、フォームをしっかりと守らなければダメだ。1着欄に人気薄を置いたときは2着欄に上位人気を置くこと——このフォームを忘れなければ、乙訓特別の10万馬券は取れたのである。10万馬券を取るチャンスなんて滅多にないぞ。わかったかお前。次からは二度と忘れないように、と書いておこう。

そこでようやく今週の話になるのだが、今週の勝負レースは日曜小倉の12R呼子特別だ。4歳以上1勝クラスの芝2600m戦だが、出馬表を見た瞬間に、本命は④ワセダインブルーと決めた。未勝利時代からずっと買っている馬で、何度か穴馬券を取らせてもらった。一昨年の春にはプリンシパルSにまで出走したがさすがに相手が強かったようで6着。しかしまだ1勝クラスを勝っていないとは信じられない。このクラスを勝つのは時間の問題だろう。前走からの距離延長で走るのはここまでに4回あるが、複勝圏内を外したのは1回だけ。小倉を走るのは今回が初だが、ハービンジャー産駒が得意とする距離で、これくらいのメンバーなら1着はともかく3着以内は外すまい。それで7番人気とはおいしい。というわけで、3連単の基本フォーメーションで買ってみた。ようするに54点買いである。

いやあ、強かった。2周目の3コーナーからまくって4コーナーでは前をいく馬たちを射程にとらえ、直線一気に全馬を差し切ってしまった。誤算は、同じく1着欄に置いた5番人気の⑦ピエナアラシが2着に激走したこと。基本フォーメーションであるから、この馬は1着欄と3着欄に置いてあり、２着欄には置いてない。３着は4番人気の⑤ヒラボクメルローで、この馬は2着と3着に置いてあるから、こいつはいい。⑦ピエナアラシが走りすぎず、３着にとどまっていれば８００倍の３連単が当たっていたが、２着に駆けたので外れ。７番人気の1着馬を当てるだけではダメなのである。ホントに3連単は難しい。ただし、先週の反省があるので今度は３連複を買っていた。その配当が1万８３０円。３連複の分だけ購入金額が増えてしまうが、これはやむを得ない。他のレースへの出費を抑えればいいのだ。ただし、３連単にプラスして3連複を買うのは1日一つか二つの勝負レースに限ること。わかりましたか。

クリノフウジン強い説

中山競馬場に行くときは、新宿駅の総武線のホームで待ち合わせることが多いのだが、時間が過ぎてもアキラがこない。あいつ、寝坊したのかなと思ってメールすると、しばらくしてから返信。「ぼんやりしていて、電車に乗っちゃいました」。あれれ、一人で乗っちゃったのか。そういえばずいぶん昔、大酒飲みのミー子と東京競馬場で待ち合わせたとき、いくら待っても現れないので当日指定席の列に所在なく立っていたら、一人で指定席に入っていたことがあとで判明。私と待ち合わせしたというのに、先に指定席に入っちゃったのである。あのときも、ぼんやりしていました、とミー子が言っていたが、寝不足が続いていたり、仕事が忙しかったときなど、ぼんやりすることはあるから、まあ、仕方がない。そのアキラ、年が明けてから一本も当たらず、ずっとボウズだという。ＡＪＣＣの日は年明け9日目になるが、それまでの8日間で買ったレースは40レースに満たないというからボウズであっても不思議ではない。私などは1日15レース以上買っていたころ、6日間ずっとボウズという記録を持っている。それに比べればたいしたことはない。それに研究熱心な男であるから、そういう努力は必ず実を結ぶものである。

たとえばこの日の小倉メイン、4歳以上3勝クラスの門司S（ダート1700m戦）を検討していたら、「ここは④クリノフウジンで堅いですよ」とアキラが言う。なんで？と尋ねると、こういう馬場は得意なんだという。この日のダートは不良。馬柱を見ると、④クリノフウジンは重・不良のダートで〔2022〕。このレースの出走馬で、重・不良のダートで勝ち星のある馬は他に5頭いるが、2勝をあげているのは④クリノフウジンだけだ。なるほどね。それなのに7番人気。おいしい穴馬といっていい。相手は？と尋ねると、それは⑨スマートフルーレでいいという。2番人気のその馬は私の本命でもある。「馬連④⑨が38倍あるんですよ」それはおいしいなあと1000円購入。実はこのレース、⑨スマートフルーレを1着に固定し、①ブルーメンクローネ（1番人気）と、②グアン（3番人気）を2～3着に置いた3連単を各1000円、すでに買っていた。オッズは40倍と60倍。それだけでは心もとないので、他に何かないかと検討しているときにアキラの「クリノフウジン強い説」を聞いたのである。それじゃあ、3連単も追加したい。⑨スマートフルーレを1着に固定し、①ブルーメンクローネ、②グアン、④クリノフウジンの計3頭を2～3着に置く3連単を追加。①ブルーメンクローネ、②グアンの上位人気2頭を2～3着に置く3連単はすでに買っているので、その分は上乗せしたわけだ。

このとき、⑨スマートフルーレをずっと1着に固定したのが私の間違い。WIN5でこの馬を1頭指名にしていたので（WIN5は一発目でコケてしまったが）、1着以外に考えられなかった。もしもこのとき、⑨スマートフルーレを1頭軸にして、①②④の3頭を相手にした3連単マルチを買っておくと、1着④クリノフウジン、2着②グアン、3着⑨スマートフルーレの3連単、5万8770円がヒットしていた。簡単じゃん、3連単。私の3連単は、3頭→3頭→8頭の54点買いを基本とするが、その基本フォーメーション以外でもいいのだ。1頭軸の相手3頭のマルチ3連単は、たったの18点。私の基本フォーメーションの3分の1の点数で済む。相手を3頭に絞れたときはこれで十分だ。せめて⑨スマートフルーレが2着にくれば馬連がヒットしていたが、絵に描いたような3着。つまり馬連も3連単も、私は外れたわけである。その④⑨のワイドを仕留めたのがアキラ。馬連以外にワイドも買っていたのだ。ワイド④⑨は意外について1550円。そんなにつくのなら、私もワイドを買えばよかった。アキラ、ついにボウズからの脱却である。

面白かったのはこの日の中山最終レース。4歳以上2勝クラスの芝2000m戦だが、6頭立てということなので私はケン。アキラの馬券を応援することにした。その直前の京都最終レースで、7番人気の②ドウドウキリシマから馬連を7点買うと、信じられない位置から差して2着したおかげで馬連８６２０円がヒット。よく届いたよなあ。これでこの日の負けを取り戻してチャラ（前日の負けは取り戻せなかったが）。その京都最終、３連単は17万弱。３着の③アルベニス（８番人気）も迷っていた馬だから、②③の２頭軸にしていたら取れたかも、と未練がましく考えるのである。中山最終が面白かったのは、６頭の鞍上が、外国人騎手３人、日本人騎手３人と、半々だったこと。で、アキラは外国人騎手３人の馬を購入。ところが、結果は日本人３人が1～3着。たった6頭立てのレースなのに、３連複３６２０円、３連単1万６０７０円。結構ついた。「日本人騎手３人を買えばよかったのかあ」。アキラの春はまだ遠いようである。

東京競馬場から富士山が見える日

東京競馬場の指定席から富士山が見える日は、堅くおさまるのか、それとも荒れるのか、ついに判明したのでご報告したい。これはもう20年ほど前にミー子が言ったことで、ある日指定席に入ったら、彼女がつぶやいたのである。

「富士山が見える日は○○ですね」

そこまでは覚えているのだが、肝心要の堅いのか荒れるのかを覚えていない。何て言ったんだ？　東京競馬場に行くたびにそのことを思い出すのだが、肝心のことを忘れているので役に立たない。もちろん、その通りになるものではないことはわかっている。ようするに「今日の運勢」を読む楽しさだ。競馬エイトにも「きょうのあなた」という運勢欄があって、いつも1Rが始まる前にそこを読む習慣になっている。それと同じで、富士山が見えるたびに、ええと、どっちだ、と思うことが続いている、という話である。レースが始まるとそんなことは忘れてしまうので、コーヒーを飲みながら1Rを待つ間のルーティンにすぎない。ずいぶん昔にミー子が富士山を見て何か言ったことは、何度も話しているので、いまの競馬仲間は全員が知っている。わからないのはその結論だけだ。昨年の夏、久々に小倉でミー子に会ったとき、「あのとき君は何て言ったの？」とその話をすると、「そんなこと、言いました？」だって。本人が忘れているのではまったくわからない。

しかしそれがとうとう判明したのである。この日、第1回東京初日は、雪をかぶった富士山がこれほどクリアに見えるのは珍しいほど、はっきりと見えた。そしてこの日の東京は堅い決着が多かったのだ！　メインこそ荒れたものの、あとは堅いレースが続いたのである。1〜3番人気の順にゴールしたレースが二つもあったほどだ。そのうちの一つ、東京6Rの3連複は350円。それを仕留めたのはたそがれのトシキで、「いやあ、つかねえ」と一言。配当が発表になる前に、「300円ちょっとしかないんだよ」と言っていたからオッズを確認しているのに買ったということになる。「えっ、これ、買ったんですか？」とアキラ。ずっと現金で馬券を買っていたトシキは、昨年秋にタブレットを購入してからはオッズ投票しているので、購入時点のオッズは知っているのだ。つまりこの3連複350円は確信犯である。現金で買おうとタブレットでオッズを見ながら買おうと、人の性格は簡単には変わらないということだろう。そういえば、この前会ったときは「レースを絞る」と言っていたのに、あとで尋ねるとこの日買ったレースは、新馬戦と障害を除く32レース。全然、絞ってないじゃん。「いやあ、新馬戦も買いたくなっちゃうから、場内をうろうろして見ないようにしてた」というのがトシキの弁。

この日は松本から久々にメグがやってきて、トシキ、アキラと私の4人で東京競馬場に出撃したが、メグとは昨年夏の中京以来である。惜しいレースもいくつかあって、久々の東京競馬場をメグは満喫したようだ。それにしても東京競馬場の指定席は素晴らしい。椅子と机の間に余裕があるので、足元に荷物を置いても余裕で足を伸ばせる。前の週はアキラと中山に出撃したので、まだ中山の記憶が鮮明だから余計に東京が広々としたものに感じるのかもしれない。中山のキングシートは素晴らしいが、Vシートの狭さはひどすぎる。机も狭いが、椅子と机の間に余裕がないので窮屈なのだ。しかも、せめて座席を上にあげることができるのなら座りやすいが、固定式なので、スペースがないこともあって座りにくいし、立ちにくい。その点、東京競馬場の指定席の座席は立ち上がると自動で上に跳ね上がるので、ただでさえ座りやすいのに、もう楽々である（小倉の一般席もこの跳ね上げ式だ）。各場の指定席で座りやすいのは、東京、新潟、阪神。意外なことに札幌もいい。中京A指定は座りにくいし、階段が急なのでビールを持って歩くときに危ない。京都は机の狭さが致命的（競馬新聞を広げられない）。この話を始めると言いたいことがたくさんあって収拾がつかなくなるので続きは後日に。

なかなか競馬の話にならないのは、例によって語るほどのことが何もなかったからだ。この日、惜しかったのは東京最終。４歳以上１勝クラスの芝１８００ｍ戦だが、⑤ドナアトラエンテ→⑦ミトロジー→⑩マイネルミュトスで決まって、３連単が１万９８００円。この2着と3着が入れ替わっていれば、３連単がヒットしていたが、あとで調べてみるとそうなったときの配当は、２４５倍。たとえ2着と3着がひっくりかえってもたいしたことはない。3連単作戦は、馬券を当てるのがもちろんいちばん難しいけれど、荒れそうなレースを選ぶという前段階が結構重要だ。せめて3連単が５００倍以上になるレースを選ぶこと。これがいまの私の最初の目標である。馬券を当てる前に、そこをクリアしないと話にならない。３連単人生はとことん難しいのである。

パドック診断で複ころ

1回東京4日目の7R、4歳1勝クラスの芝2400m戦を勝ったのは、4番人気の②ハーツイストワールで、2着が2番人気の⑫スマイル、3着が3番人気の③ピンシェル。1番人気の⑨レオビヨンドは5着に負けたものの、それ以外の上位人気馬が上位を独占したレースで、ある意味では堅い決着といっていい。だが、この段階で「おやっ」と思った。実はこのレースの1着馬と3着馬は、パドックの段階で気配の目立った馬につけるチェック印のついた馬であった。4番人気と3番人気の馬であったので、つまり穴馬でもなかったので特に気にすることもなかったが、きょうはパドックで気配のいい馬がやたらにきていないか、と突然この段階で気がついたのである。以前にも書いたと思うが、私、パドックを見るのが好きである。で、その観察の結果、気配が素軽い馬にチェックを入れている。それは全部で5段階だが、レベル4~3は年に一度あるかないかで、つまり誰が見てもはちきれんばかりの馬体。思わず買いたくなるような馬だ。その上のレベル5になると、これまでの生涯で一度しか見たことがない。日常的にはレベル2が上限といっていい。それでもそのレベル2は、月に一度くらいである。大半はレベル1で、それでもレベル1の馬は1日に数頭しかいない。

困るのは、それは素人である私の観察であるから、馬のプロとは異なるということで、いいなあと思った馬がこないことはしょっちゅうある。ただ一つだけ言えるのは、1頭くればその日の他のレースでもくる。そしてこの日、朝から何頭もきていたことに気づいたのである。東京2Rの⑨レオファイナリスト（4番人気）が2着、小倉3Rの⑬ゼットグローリ（9番人気）が2着、京都3Rの④エイシンシャンツェ（6番人気）は10着に負けたものの、もう1頭選んだ⑨タイガーサイレンス（8番人気）が3着。そして東京7Rの2頭が1着と3着。つまりそこまでパドックで私は6頭にチェックをつけて、そのうちの5頭が複勝圏内に入っていたのだ。おいおい、だったら最初から複勝ころがしをしていればよかったんじゃないか。その5頭の複勝配当は、210円、650円、950円、（210円と160円）。京都3Rできたほうの馬を買い、東京7Rで配当の高いほうを買っていれば、と都合のいいケースを想定すると、1000円で始めた複コロは、東京7Rを終えた段階で27万円を超えている。いや、机上の計算なんだけど。

そうか、それでは今からやっても遅くはないかも、と小倉8R（4歳1勝クラスの芝

2000m戦）のパドック中継を見ていたら、⑨ブレーブユニコーンの気配がレベル1と目立っていたので、その複勝を1000円購入。すると1着の複勝が320円。それにしてもこのレースで3着した⑫イルルーメはパドック中継の段階では単勝5・6倍の1番人気だったのに最終的には7番人気で（そんなに変わるのかよ）、おかげでワイド⑨⑫は1610円。この⑫は3連複の軸馬だったのだが、こんなにつくならワイドにすればよかった。ワイドを買わなくなるとそのオッズも見なくなるので、こんなにつくとは知らなかった。このレースで2着した⑬ビッグブルーは10番人気の馬なので3連複の目に入れておらず、軸馬が3着にきたというのに（しかも1着はパドックで見つけた穴馬だというのに）馬券は外れ。ワイドは偉大だったなあとしみじみと思うのである。しかしとりあえず複勝は当たり、1000円が3200円になった。続く小倉9R（4歳以上1勝クラスの芝1200m戦）のパドックでは⑪グランドピルエットがよく見えたので、この馬の複勝に3200円を入れてみた。鞍上が藤田菜七子だったので、パドック中継の段階では2番人気だったが、最終的には5番人気。そして、なんとなんと勝っちゃったのである。その複勝が350円。もしも馬連を買っていれば（2着は7番人気の⑦アレスで、私の3番手評価だった）、6570円の馬連も楽勝でゲットできていただろう。おお、儲かったんだか、損したんだか。

1回東京4日　11R　東京新聞杯

着順	予想	枠番	馬番	馬名	性齢	斤量	騎手	タイム	着差	通過順	上り	人気	単勝オッズ	体重	増減	厩舎
1	○	❶	①	プリモシーン	牝5	56	Mデムー	1.33.0		7-6-6中	33.6	④	7.8	504	+8	北木村哲
2		❻	⑫	シャドウディーヴァ	牝4	54	岩田康	1.33.1	1/2	11-12-11内	33.3	⑥	14.2	470	−4	南斎藤誠
3	◎	❼	⑬	クリノガウディー	牡4	56	横山典	1.33.1	鼻	5-4-4内	33.9	⑤	8.7	496	+8	栗藤沢則
4	△	❸	⑤	サトノアーサー	牡6	56	田辺裕	1.33.2	1/2	2-4-4中	34.0	③	7.7	494	+10	栗池江寿
5		❷	④	クルーガー	牡8	57	フォーリ	1.33.2	鼻	1-2-2内	34.3	⑫	84.1	528		栗高野友
6	△	❶	②	ヴァンドギャルド	牡4	56	福永祐	1.33.2	首	13-8-8内	33.6	②	3.8	476	0	栗藤原英
7		❹	⑧	スウィングビート	牡5	56	大野拓	1.33.4	1 1/2	8-8-8中	33.8	⑭	177.1	490	−4	北加藤征
8	△	❸	⑥	レイエンダ	牡5	57	丸山元	1.33.5	1/2	2-3-2中	34.6	⑦	17.4	496	+12	北藤沢和
9	▲	❺	⑨	レッドヴェイロン	牡5	56	ルメール	1.33.5	鼻	8-11-12中	33.5	①	2.9	494	0	栗石坂正
10		❺	⑩	ロワアブソリュー	牡7	56	吉田豊	1.33.5	頭	14-14-13内	33.3	⑮	402.7	518	+6	栗須貝尚
11		❽	⑮	ケイアイノーテック	牡5	58	津村明	1.33.6	首	14-16-16中	**33.2**	⑧	20.9	474	0	栗平田修
12		❹	⑦	ケイデンスコール	牡4	56	石橋脩	1.33.6	鼻	6-7-6中	34.2	⑨	26.4	468	−6	栗安田隆
13		❽	⑯	ドーヴァー	牡7	57	北村宏	1.34.0	2 1/2	16-14-16外	33.6	⑩	58.4	504	0	北伊藤圭
14		❼	⑭	ゴールドサーベラス	牡8	56	内田博	1.34.2	1	12-13-13外	34.0	⑯	503.1	456	+10	北清水英
15	⚠	❻	⑪	キャンベルジュニア	牡8	56	ミナリク	1.34.4	1 1/2	8-8-8外	34.7	⑬	89.6	552	+8	北堀　宣
16		❷	③	モルフェオルフェ	牝5	54	江田照	1.35.5	7	2-1-1内	37.4	⑪	59.4	454	+8	南大江原哲

単①780円　複①290円　⑫340円　⑬300円　　ブリンカー＝⑥⑩
馬連①—⑫7270円㉓　枠連❶—❻1960円⑧
馬単①—⑫12920円㊶　３連複①⑫⑬19730円㊿
３連単①⑫⑬125560円368
ワイド①—⑫1980円㉒　①—⑬1460円⑯　⑫—⑬1690円⑲

しかしともかく複コロは成功して、配当金が1万ちょっと。こうなると慎重になるので、しかもパドック印がなかなかつかず、とうとう東京メインまできた。この日のメインは東京新聞杯。そのパドックで、ついにチェックがついたのである。しかもこの日いちばんのレベル2。レベル1の8頭中7頭がきたのである。今度はレベル2なのである。それが9番人気の⑦ケイデンスコール。ここはもういくしかない、その馬の複勝に1万。ワセダインブルーの未勝利時代を思い出す。返し馬が素晴らしかったので9000円にまで膨れ上がっていた複コロの配当金を入れると、絶対に届かないような4コーナー最後方から差して3着し、その複が500円ついたことを思い出す。これが複コロの醍醐味だ。さあ、お前もこい。いったい⑦ケイデンスコールはどこを走っていたんでしょうか。

怪しいオッズを発見すると燃える性格である

なんだこれ。日曜小倉8R（4歳以上1勝クラスの芝1200m戦）の単勝オッズが目に留まった。⑫オメガハートクィンが単勝9・6倍で3番人気であったのだ。キングカメハメハ産駒の4歳馬で、阪神の新馬戦（芝1600m戦）で2着した馬だけれど、未勝利を勝ち上がってからは、8着10着16着という成績なのである。ここは3カ月休養明けの一戦だが、初の芝1200m戦で、変わり身があるかも、と思ったのだが、それは穴馬を探すときの癖であり、みんながそう思って3番人気に押し上げたとは考えにくい。ちなみに手元の新聞には△が一つしかついていない。しかも、もう一つ不思議なのは、⑩フレンチイデアルが単勝5・9倍の2番人気だったことだ。こちらはキンシャサノキセキ産駒の7歳馬。全成績が〔2 4 4 20〕で、最近4走の成績は、5着10着10着12着。とても2番人気に支持されるような成績とは思えない。ただしこの馬、芝1200mで1勝2着3回という成績があり、久々の芝替わりで（過去4走はすべてダート）激変する可能性がある。しか

1回小倉10日　8R　4歳上1勝クラス

着順	予想	枠番	馬番	馬名	性齢	斤量	騎手	タイム	着差	通過順	上り	人気	単勝オッズ	体重増減	厩舎
1	○	❽	⑭	ルールダーマ	牡5	54	亀田温	1.11.8		4-4-4	外36.6	②	5.0	480－2	栗北出成
2		❼	⑫	オメガハートクィン	牝4	54	西村淳	1.11.9	½	⑦-6-5	中36.5	⑧	14.6	440＋2	栗松永幹
3		❽	⑬	ドゥモワゼル	牝6	52	山田敬	1.11.9	首	3-2-2	中37.0	⑭	73.0	468－4	北粕谷昌
4	▲	❺	⑦	シエルブラン	牝6	55	木幡初	1.12.0	½	9-10-11	外36.4	④	8.8	462－2	栗千田輝
5	◎	❸	④	グリニッチヴィレジ	牝7	55	横山武	1.12.1	首	10-10-7	中36.5	③	5.9	436＋4	北天間昭
6	△	❷	②	イリスファルコン	牝6	55	吉田隼	1.12.1	首	14-14-13	外**36.1**	⑦	13.5	420－4	北南田美
7	△	❺	⑧	ロードイヒラニ	牡5	57	藤岡康	1.12.2	首	⑩-6-7	中36.7	①	4.5	476 0	栗千田輝
8		❻	⑩	フレンチイデアル	牡7	57	藤岡佑	1.12.2	鼻	⑩-10-7	外36.6	⑤	11.6	490－6	北武藤善
9	△	❼	⑪	ロカマドール	牝4	55	丹内祐	1.12.2	頭	5-6-11	中36.8	⑨	16.4	442－10	南尾形和
10	△	❹	⑤	ファクトゥーラ	牝4	53	斎藤新	1.12.2	首	1-1-1	中37.5	⑥	12.8	460＋4	栗吉村圭
11		❻	⑨	ポルボローネ	牝8	55	藤懸貴	1.12.2	鼻	13-14-14	外36.2	⑫	28.4	440＋4	栗作田誠
12	▲	❹	⑥	ヤマニンベリンダ	牝6	52	小林凌大	1.12.4	1	5-4-5	中37.2	⑪	18.0	462＋4	南星野忍
13	△	❸	③	レッドパラス	牝4	55	杉原誠	1.12.4	首	2-2-2	中37.6	⑩	17.5	468－4	南中川公
14		❶	①	ウーマッハ	牝6	55	勝浦正	1.13.0	3½	8-6-7	内37.6	⑬	43.6	480－4	南古賀史

単⑭500円　複⑭190円　⑫480円　⑬1950円　ブリンカー＝⑤
馬連⑫―⑭5160円㉑　枠連❼―❽1920円⑨
馬単⑭―⑫8610円㉜　3連複⑫⑬⑭58000円209
3連単⑭⑫⑬292910円1089
ワイド⑫―⑭1840円㉔　⑬―⑭6090円㊼　⑫―⑬9670円㊆

し芝1200m戦で連対したのはもう4年も前のことで、それがいま突然復活するとは考えにくい。それとも条件が合えば復活するのか。

この段階の1番人気はロードカナロア産駒の⑧ロードイヒラニで、単勝4・3倍。大混戦レースである。この⑧ロードイヒラニの全成績は〔1 2 1 15〕。過去4走が5着7着5着11着。小倉の成績は〔0 0 0 2〕だ。つまり、この1番人気馬も押し出された人気馬にすぎない。私が「おーっ」と思ったのは、3番人気⑫オメガハートクィンと、2番人気⑩フレンチイデアルの馬連が昼前の時点で72倍もあったこと。2番人気と3番人気だよ。このオッズは想像を絶する。ワイドでも20倍だ。ようするにこの2頭、単複だけが売れていたわけだ。「これ、怪しくないか」と、すぐにオサムとアキラにメッセージを送った。「異常投票かなあ」とオサム。「こういう場合、2頭揃ってくるんですかね」とアキラ。ずっと以前、福島の午前中のレースで怪しいオッズを発見して馬券を的中させたことが数回あるが、結果に結びつかないことも少なからずあるので、あまり信用もできない。「2頭ともに、じゃなくて、くるのはこのうちの1頭だけ、ということもよくあるよな」とメッセージを書き込んだが、この日は東西のメイン、共同通信杯と京都記念がともに少頭数のこともあり、買いたいレースがあまりない。だから勝負レースをこれにしようとも思ったのである。

直前になってオッズを調べ直すと、⑩フレンチイデアルは2番人気のままだが、⑫オメガハートクィンは5番人気に落ちていた（それがパドック中継の段階の人気だが、最終的には5番人気と8番人気。ずいぶん変わるものだ）。それでも相変わらず売れているのは単複だけで、パドック中継の段階でもこの2頭の馬連は70倍強。とりあえず、馬連とワイドを各1000円買ってから、この2頭を軸にした3連複、さらに2頭を1～2着に置いて3着を総流しにした3連単、さらには2頭を軸にした馬連（つまりそれぞれから相手7頭への馬連だから全部で14点）。ここでやめておけばいいのに、上位人気のほうを信用しようと、⑩フレンチイデアルからの馬連をもう一度重ね買いしたうえで、この馬を1着に固定し、なんとなく怪しい⑤ファクトゥーラ（6番人気）、⑪ロカマドール（9番人気）、⑭ルールダーマ（2番人気）の3頭を2着と3着に置き、相手を5頭に絞った3連単フォーメーション。つまり、怪しいオッズの2頭が揃ってくることが理想だが、もしも1頭だけなら⑩フレンチイデアルだろうと、この馬を重視したのである。最初の穴予想では12番が軸馬だったのに（その単複オッズを調べて、この怪しいオッズに気がついたのだ）、いつの間にか本命を10番に変更していたのである。いや、12番からの馬連も少し購入しているから、まったく変更したわけではないが。いったい総額でいくら買ったのかは自分でもわからない。

いやあ、レースそのものは見応えのある面白いレースだった。⑫オメガハートクィンは中団の外、⑩フレンチイデアルはその直後。4コーナーではこの2頭が外から5〜6番手に上がってきたのである。いまの小倉は差しが決まるから、これはひょっとしたらひょっとするかも。この2頭が1〜2着したら大変だ。3連単は悪くても50万馬券、3着馬によっては100万馬券も夢ではない。さあ、お前たち、一緒にこい！　ところが直線を向くと、10番が思ったほど伸びてこない。12番はぐいぐい伸びるも、10番がこないのでは3連単も3連複も、もうだめだ。好位から抜け出した⑭ルールダーマを鋭く追って12番が2着。3着は14番人気（ビリ人気だ！）の⑬ドゥモワゼルで、3連単は29万。ふーん。5160円の馬連を少額引っかけて購入資金を回収したのだけが救い。うまくいかないものである。

東京競馬場のホルモン焼き

小倉大賞典のスタートを待っていると「やばいです。富士山が見えません」とアキラが言う。本当だ。朝の段階では、東京競馬場の指定席からくっきりと見えていた富士山が靄にかすんで見えなくなっている。「小倉大賞典が荒れるということかなあ」。東京競馬場の指定席から富士山がくっきりと見える日は堅い決着のレースが多く、富士山が見えない日はレースも荒れるのである。これはずいぶん昔、大酒飲みのミー子が発見した法則だが、先日再確認したばかりの真実でもある。朝、スタンドに座ってコーヒーを飲んでいるとき「きょうは富士山が見えるから堅い日ですねえ」とアキラがのんびりと言っていて、本当にしばらくは堅い決着が続いていたのだが、突然、不穏な空気が漂い始めたということである。前日の東京メインのダイヤモンドSでは、16頭立て16番人気のミライヘノツバサが勝ち、その単勝配当が3万2550円。土曜は自宅にいたのでわからないが、たぶん富士山は見えていなかったに違いない。しかしなあ、もうダントツ人気の⑥ヴェロックスから馬券を買っちゃっているので、「荒れる」と言われてもどうすることもできない。あとで気がついたのだが、その直前の小倉10Rあざみ賞も荒れていた。18頭立て14番人気の⑭ニシノストームが勝って、3連単は66万。小倉大賞典の前から荒れていたのだ。富士山はそのころから見えなくなっていたに違いない。よく考えてみると、東京競馬場のスタンドから富士山が見えなくなったことで、遙か遠くの小倉競馬場のレースがどうして荒れるのか、その相関関係に疑問符がつくが、もともと根拠のない話なので細かなことは言わないように。で、本当に小倉大賞典が荒れたのである。ダントツ人気の⑥ヴェロックスが馬群に沈み、②カデナ（4番人気）→⑫ドゥオーモ（10番人気）→⑬ジナンボー（2番人気）の決着で、3連単が32万。ちなみに、この1～3着はすべてディープインパクト産駒で、このレースに出ていたディープインパクト産駒はこの3頭だけ。レースが終わってから「ディープ産駒の3連複を1点だけ遊びで買えば、それだけで3万5000円ですよ。買えばよかったなあ」とアキラ。ヴェロックスからディープ産駒に買っていたオサムからは「遊びでディープ産駒ボックスを買うべきでした」とメール。そうしておくと、600円がどかんと32万になっていたわけである。続く京都のメイン・大和Sも、⑨スズカコーズライン（6番人気）→⑥ヒデノヴィーナス（4番人気）→⑤テーオーヘリオス（11番人気）で3連単が29万。本当に荒れまくるのだ。最後に控えていたのが本年初のJRA・GI、フェブラリーSで、堅いというなら1番人気を軸にすればいいけれど、荒れるとなると穴馬券は山ほどあるので逆にとっても難しい。そして現実はもっと厳しく、もっと複雑であった。勝ったのが1番人気の⑫モズアスコット、3着が3番人気の⑨サンライズノヴァ。ここまでなら堅い決着だが、2着にもぐりこんだのがなんと16番人気（ビリ人気だ！）の⑮ケイティブレイブ。そのために3連単は46万。いいですか繰り返しますよ、小倉大賞典が32万、京都の大和Sが29万、東京のフェブラリーSが46万。3場のメインすべてが荒れたのである。富士山おそるべし。この日、小倉競馬場に出撃していたオサムからはフェブラリーSの直後に、次のメッセージが届いた。「ロバート・デニーロのモノマネをしている芸人に似ているオッサンが、ケイティ、ケイティ、よしよし、と叫んでいました」というから、そうか、買った人は喜んだだろう。

私の馬券成績は大負け。最終レースが終わってから念のために投票履歴を調べると、東京7Rが当たっていたが、その3連単は6390円。屁のつっかいにもならない。レースの記憶もないから、寝ているときだったのかもしれない。今年の出だしはよかったのに、なんだかどんどん調子も下降して最近はじり貧状態だ。このままいくと大変なことになるので、気を引き締めていきたい。

ところでフジビュースタンド1階にホースプレビューがありますね。引き揚げてきた馬をガラス越しに見ることができる場所。あの向かい側の売店でホルモン焼きを売っている。グリーンチャンネルの「競馬場の達人」で、その回のゲストの方がこの売店でホルモン焼きを買っていたのを思い出し、そうだ、あれを買いに行こうと1階に降りて食してみた。テレビで見るより小さな紙皿で、あれれとなったがおいしく、それを食べたら止まらなくなった。何かの番組で赤坂の鳥千本店を紹介していたことも思い出したので、フライドチキンを食べたくなったのである。フジビュースタンド2階の鳥千に行き、骨付き３５０円を購入。それにしても中山や府中で有名な鳥千の本店が赤坂にあるとは知らなかった。馬券は全然当たらないが、おいしいものを食べたからいいや、と帰宅したのである。

いつ買ったんだ？

無観客競馬の時代が本当にやってくるとは思ってもいなかった。「サンスポＺＢＡＴ！」で連載していた競馬エッセイで、「無観客の時代」と題したコラムを書いたのは２０１７年の秋だ。そのときは、競輪が無観客のレースをやっていると夏の小倉で知り、それでは競馬だって将来どうなるかわからないぞと書いた。杉山俊彦の傑作競馬小説『競馬の終わり』（集英社文庫）のラスト近くに、「球体の競馬トラック」の中で行われる未来の競馬」のアイディアが出てくることを紹介し、「まあ、私の生きている時代にそんなことにはならないだろうが」と書いたのだが、無観客競馬の時代が先にくるとはなあ。

ちなみに、「球体の競馬トラックの中で行われる未来の競馬」というのは、サラブレッドがサイボーグ化されているので逆さになっても落ちないことを前提にしている。大きな球体の中をオートバイが疾駆するのと同様に、もっと大きな球体の中を馬たちが走るんである。たしかにそれはずいぶん未来の話だ。最近は競馬場に行くことが少なくなっているので、自宅でグリーンチャンネルを見ながらPATで馬券を買っていると、あまり普段とは変わらない。パドック中継などのとき、客の姿が映らないことに気がついて、そうか無観客競馬なんだと思い出すくらい。気性の荒い馬などはむしろ客がいないほうがいいのかもしれない。しかしこれは一時期のことだからいいけれど、この状態がずっと続くのはやっぱり淋しい。一日も早く、正常な状態に戻ることを期待したい。

こうなると、馬券が当たるとか外れるとかはどうでもいいじゃないか、という気がしてくる。競馬が行われて馬券を買うことができる、というだけで素晴らしいじゃないか、という気がしてくるのだ。当たり前のことに感謝する日々である。ところで3連単を始めるにあたって、最初は「30点で300倍を狙い、10回に1回のヒットを目標」と書いた。途中からそれが「50点で500倍以上を狙う。できれば10万馬券を」と変更。しかしそんなレースは滅多にないので、普段はもっと別の3連単を買いたいと思うようになった。10万馬券を狙うからには、キツイ穴馬を選ばなければならないが、そんな穴馬は滅多にいないのである。いや、いるのかもしれないが、私には見つけられないのだ。そこで、そういう穴馬を探す努力はこれからも続けるが、普段は人気馬の組み合わせを工夫することで射止めたい。

たとえば、2月29日の中京メイン、中京スポニチ賞である。4歳以上2勝クラスの芝

1回中京1日　11R　中京スポニチ賞

着順	予想	枠番	馬番	馬名	性齢	斤量	騎手	タイム	着差	通過順	上り	人気	単勝オッズ	体重	増減	厩舎
1	◎	❸	③	サンレイポケット	牡5	57	荻野極	1.59.8		10 12 10	中34.5	①	2.5	476	0	栗高橋忠
2	▲	❺	⑥	ニューポート	牡4	56	吉田隼	1.59.8	鼻	6 6 7	中34.8	⑤	11.0	452	+2	栗石坂正
3	△	❺	⑤	トミケンボハテル	牡6	57	北村友	2.00.0	1¼	1 1 1	内35.6	④	10.8	496	0	南武市康
4	○	❹	④	ヒルノダカール	牡4	56	柴山雄	2.00.2	1¼	8 6 7	外35.3	③	4.3	512	-8	栗北出成
5	▲	❼	⑨	コーカス	牡6	57	岡田祥	2.00.3	首	6 6 3	中35.5	②	3.6	518	0	栗藤原英
6	△	❽	⑫	ジャーミネイト	牡6	57	川又賢	2.00.3	首	⑫ 12 10	内35.0	⑦	25.1	474	+2	栗中尾秀
7		❻	⑧	アドマイヤシナイ	牡6	57	団野大	2.00.5	1	2 2 2	中36.0	⑩	72.1	466	-10	北上原博
8	△	❶	①	サンライズローリエ	牡5	57	西村淳	2.00.5	首	5 4 3	中35.8	⑥	16.7	466	0	栗羽月友
9	△	❼	⑩	イチダイ	牡7	57	菱田裕	2.00.5	鼻	10 12 12	中35.1	⑨	62.9	536	-2	北柄崎孝
10		❻	⑦	ビービーブレスユー	牡7	57	柴田大	2.00.7	1½	9 9 9	外35.5	⑪	130.6	512	0	栗加用正
11		❷	②	ダイナミックアロー	牡7	57	秋山真	2.01.0	2	3 4 3	内36.3	⑧	31.3	508	+2	栗作田誠
12		❽	⑪	メイショウホウトウ	牡9	57	太宰啓	2.01.7	4	3 2 3	中37.0	⑫	137.5	492	-2	栗上村洋

単③250円　複③140円　⑥250円　⑤250円　　ブリンカー＝⑤
馬連③—⑥1280円④　　枠連❸—❺790円③
馬単③—⑥1890円⑦　　３連複③⑤⑥4520円⑮
３連単③⑥⑤16860円㊿③
ワイド③—⑥520円④　③—⑤670円⑧　⑤—⑥640円⑤

２０００ｍ戦だが、③サンレイポケットを１着に固定したのである。１番人気の馬だが、その単勝は２５０円。これくらいならいい。これが１倍台なら、たとえばこの日の中京９Ｒのように、単勝１９０円の馬が勝って、２〜３着が４番人気と５番人気だと、３連単が４５００円。これはつまらない。これが単勝２５０円の１番人気の場合（つまりこの日の中京スポニチ賞だ）、２〜３着が４番人気→５番人気になると、３連単は１７３倍になる。これなら点数を絞ってとれば、結構おいしい。私は１番人気の③サンレイポケットを１着に固定し、４番人気の⑤トミケンボハテルを２着に固定し、３着は５点流し。内から順に、①サンライズローリエ（６番人気）、④ヒルノダカール（３番人気）、⑥ニューポート（５番人気）、⑩イチダイ（９番人気）、⑫ジャーミネイト（７番人気）の５頭だ。３連単のオッズは、２５０倍、86倍、１７０倍、６００

倍、380倍だ。2番人気の⑨コーカスを切っているのがミソ（この馬が3着でも3連単は120倍なんだから押さえろよ、という気もしたけれど）。この5点を買ったあとで、④ヒルノダカールが気になったのは競馬エイトの調教プレミアムで、さらにパドックの気配が目立っていたからだ。そこでこの④を2着に固定して3着流しの5点を追加。

レースは面白かった。1番人気の③サンレイポケットが終始後方からの競馬で、ずっとはらはらさせたのである。4コーナーでもまだ後ろから3番手で、この位置から届くのか。内に入れようとしても進路がなく、仕方なく外に出し、馬群を割ってきた。残り200mの地点でもまだ5～6番手だからちょっと無理かも。その段階で先頭にいたのは逃げた⑤で（私が2着に固定した馬だ）、これで③が頭に突き抜ければ3連単は完成するが、先に抜け出したのは⑥。そこに③が猛然と襲いかかり、2頭が鼻面を揃えてゴール。逃げた⑤は3着だ。これでは、たとえ③が1着でも、2着固定の⑤が3着では3連単は永遠に当たらない。結局、③がハナ差制して、3連単は③→⑥→⑤で、1万6860円。着順固定はホントに難しい。最終レースの検討に移ったが、ちょっと気になるので投票履歴を調べると、☆印がついている。なんだこれ、と開いてみると、3連複の③⑤⑥を買っていた。いつ買ったんだ？　たいした配当じゃないけど、いやあ嬉しい！

無観客競馬に強い馬

「無観客競馬にサウスヴィグラス産駒が強いって知ってました？」と、日曜の朝にオサムからメッセージが入った。誰が言っているんだそんなこと。無観客競馬なんて昔からあるんじゃないから蓄積したデータがあるわけでもないだろう。しかしそう言われると気になるもので、中山2Rと中京3Rでサウスヴィグラス産駒が3着すると（2頭ともに上位人気馬であったから人気通りにきただけかもしれないけど）、気になってくる。新聞を見ると阪神3Rの④ロードデルタが母父サウスヴィグラスである。父ではなく、母父でもいいのかどうか知らないが、まあ似たようなものといっていい。オッズを調べると11番人気。午前中からこんな穴馬が飛び込んできたら大変だ。こっそり複勝を買うと離れたシンガリを追走するだけのビリ。ふーん。しばらくしたら、オサムがまたメッセージを送ってきた。「昨日の中山芝レースはロードカナロア産駒が5頭出走して3勝、2着2回のパーフェクト連対。5Rでのワンツーや、オーシャンSを勝ったダノンスマッシュもロードカナロア産駒です。今日の弥生賞のロードカナロア産駒は、5番人気パンサラッサ1頭のみです」

ほお、今度は前日の結果だけにせよデータ付きだ。するとそれまでまったく書き込まず静観していたアキラが「弥生賞、のります！」と書き込んできた。起きてたのかい！

弥生賞は、①サトノフラッグ、⑧ワーケア、⑩オーソリティの3強が強そうなので馬券を買うつもりはなかったのだが、③パンサラッサがこのうちの1頭を負かせばいいのなら、何とかなるかも。俄然、買う気になった。その3頭を1～2着に置いて、③パンサラッサを3着に固定すれば、3連単はたったの6点だ。待てよ、相手は①と⑧だけでいいか。それなら、③パンサラッサの3着固定は2点で済む。オッズはどちらも50倍だ。1000円買えば配当は5万。いいじゃないかこれで。ところで、私の3連単は、3頭→3頭→8頭の54点買いを基本とするが、これがしんどくなってきた。当たり前の話ではあるけれど、外れると5400円が消えるのである。これがつらい。できれば、2頭の着順を固定し、あとは数頭流しとか、軸馬から3頭へのマルチ流し（相手3頭なら18点で済む）とかにしたい。そこまで絞れないときは馬券を買わない、とのスタンスでいきたい。

と思っていたのに、中山9Rアクアマリン S（4歳以上3勝クラスの芝1200mハンデ戦）のパドックを見たら、むずむずしてきた。③ジョーマンデリンの気配がいいのだ。パドック中継の段階で7番人気。1番人気の⑧サンノゼテソーロとの馬連が40倍もつくの

2回中山4日　9R　アクアマリンS

着順	予想	枠番	馬番	馬名	性齢	斤量	騎手	タイム	着差	通過順	上り	人気	単勝オッズ	体重増減	厩舎
1		❸	⑥	メジェールスー	牝5	53	ミナリク	1.09.5		2 2 2 中	35.0	⑦	13.3	476+2	栗藤原英
2		❼	⑭	ニシノキントウン	牡5	53	内田博	1.09.5	首	6 7 3 中	**34.5**	⑨	17.6	466−2	栗北出成
3	△	❻	⑪	シャンデリアムーン	牝4	54	木幡巧	1.09.6	½	1 1 1 内	35.3	③	8.9	470+4	南斎藤誠
4	△	❹	⑧	サンノゼテソーロ	牡4	55	武　豊	1.09.7	首	3 3 3 中	35.1	①	3.1	456+4	南田中博
5		❽	⑮	タケショウベスト	牝6	52	武藤雅	1.09.9	1¼	7 9 10 外	34.7	⑫	46.5	476−2	北田中清
6	▲	❷	③	ジョーマンデリン	牝4	54	坂井瑠	1.09.9	首	3 3 3 内	35.3	⑩	18.5	486−2	栗清水久
7	◎	❻	⑫	ブライティアレディ	牝7	54	ルメール	1.09.9	頭	3 5 6 中	35.0	④	9.0	436−4	栗武　幸
8	△	❶	②	ホープフルサイン	牡4	56	江田照	1.10.0	½	8 5 6 中	35.1	⑥	10.1	494+10	北本間忍
9		❷	④	ダイトウキョウ	牡8	55	田辺裕	1.10.0	首	⑯ 13 12 中	**34.5**	⑧	16.2	470+4	南戸田博
10	◬	❼	⑬	グッドジュエリー	牝5	54	丸田恭	1.10.2	1¼	15 16 16 外	**34.5**	②	6.3	464−2	南堀井雅
11		❸	⑤	ショウナンアリアナ	牝4	52	吉田豊	1.10.3	½	9 9 10 中	35.1	⑬	47.8	416−6	栗高野友
12	○	❶	①	インスピレーション	牡5	55	横山典	1.10.3	頭	⑭ 7 8 内	35.3	⑤	9.5	488 0	栗昆　貢
13		❹	⑦	レーヴムーン	牡7	55	津村明	1.10.4	首	⑪ 9 8 中	35.3	⑭	68.6	494+2	栗藤岡健
14		❽	⑯	エンゲージリング	牝5	53	杉原誠	1.10.6	1¼	11 13 16 外	35.1	⑮	71.6	476−4	南大江原哲
15		❺	⑨	ムスコローソ	牡5	54	ヒューイ	1.10.6	首	13 13 12 中	35.1	⑪	39.4	520 0	北手塚貴
16		❺	⑩	プレディクト	牡5	51	木幡育	1.10.9	2	9 12 14 外	35.5	⑯	216.8	498+2	南伊藤伸

単⑥1330円　複⑥590円　⑭450円　⑪380円
馬連⑥―⑭14360円㊸　　枠連❸―❼3280円⑮
馬単⑥―⑭28810円109　３連複⑥⑪⑭65050円206
３連単⑥⑭⑪456970円1379
ワイド⑥―⑭4180円㊹　⑥―⑪3320円㊶　⑪―⑭3580円㊸

だ。最初はその馬連とワイドだけのつもりだったが、待てよ、そんなに自信があるのなら3連単でもいいじゃないか。と誰かが囁いた。そうか、恐れているだけでは前進しない。行くときには行くのだ。と、例の3頭→3頭→8頭の基本フォーメーションをここで出動。1着には③と⑧、そしてこの段階で3番人気であった②ホープフルサインの3頭。2着には内から順に、⑪シャンデリアムーン、⑫ブライティアレディ、⑬グッドジュエリー。3着にはこの6頭＋⑥メジェールスーと、⑭ニシノキントウン。これで54点だ。私が1着欄に置いた3頭が、1頭も3着以内に入らないのでは完敗だ。問題は、この3連単フォーメーションで私は8頭を選んでいるのだが、1着欄に置いた3頭を除くと残りは5頭。その5頭のうちに1～3着馬がいた。それが1着⑥メジェールスー、2着⑭ニシノキントウン、3着⑪シャンデリアムーンの3頭だ。それで

３連単が45万。なんとかならなかったのか。レースが終わるとアキラからメッセージが入った。「ロードカナロアが勝っちゃいました！」。何？　たったいま勝った⑥メジェールスーはロードカナロア産駒であったのだ！　そうか、メインの弥生賞以外にもロードカナロア産駒がいたのか。７番人気の単勝は１３３０円。しかし、たとえこのロードカナロア産駒を1着に置いても、⑭ニシノキントウンは3着にしか置いてないから、３連単を当てるのは無理であった。ちなみに、③ジョーマンデリンはパドック時に7番人気だったのに最終的には10番人気（②も３番人気↓６番人気と下降。反対に３着にきた⑪は、６番人気↓３番人気）で、怪しかったのである。

次にオサムがメッセージを送ってきたのは弥生賞の直前で、「中京メインも阪神メインも、ロードカナロア産駒が1着です！」。阪神は2番人気でも、中京は8番人気だったから、人気馬が順当に勝ったわけではない。ロードカナロア恐るべし。「パンサラッサの単勝を買いました」というオサムの書き込みを見て、おれも買うと思ったときには締め切り。時間があれば絶対に買っていただろう。パンサラッサはいいところなく惨敗。ふーん。「来週はロードカナロア買います」と最後に書き込んできたアキラに、おれが忘れていたら教えてね、と頼んだのである。

突然、阪神が好きになった日

時間はたっぷりあるのだが、資金が乏しいので、最近は午前中の馬券は買わないことにしている。しかし、1回阪神6日目の2R。競馬新聞を見ていたら、むずむずしてきた。3歳未勝利のダート1200m戦だが、ダントツ人気の⑫ヌオーヴォが追い込み一手の馬なのである。ここが5戦目の馬だが、最初の2戦は後方まま。次の2戦が4コーナー最後方から追い込んで連続2着。で、ここで人気になっているわけだが、2回うまくいったからといって、3回目もうまくいくかどうかはわからない。上位人気が必至の⑭オカリナも差し馬だし、これなら先行馬が穴をあけてもおかしくはない。そこで、ロードカナロア産駒の⑤タガノオボロに目をつけた。前走は後方ままの12着に惨敗しているが、これはスタートでつまずいたもので気にすることはない。その前の2戦は果敢に先行しているので前に行く脚がないわけではない。

午前中から手を出すと止まらなくなるから本当に買いたくないのだが、むずむずが止まらないので、その⑤タガノオボロ（7番人気）の複と、上位人気では先に行きそうな⑮ヴィータブリランテとのワイドをこっそりと買ってみた。すると、⑭オカリナがいつもよりも前につけ、さらにダントツ人気の⑫ヌオーヴォも中団につけている。えーっ、お前たち、後方にいるんじゃないのかよ。なんだか不吉な予感がしたが、⑧ドーンと逃げ争いを演じた⑤タガノオボロはしぶとくタレないから「カツマカツマカツマ」とテレビに向かって叫んだ。⑤タガノオボロの鞍上が鮫島克駿なのである。⑧ドーンを振り切った⑤タガノオボロは、直後にぴったりつけていた⑭オカリナと⑮ヴィータブリランテには差されたものの、3番手をキープしたままゴール。ダントツ人気の⑫ヌオーヴォが5着に負けたこともあり、⑤タガノオボロの複は850円、ワイド⑤⑮は1860円。大きな配当を当てたわけではないが、1年もたたないうちに忘れてしまいそうな、こういう名もないレースをコツコツと当てるのが競馬の楽しみだという気がしないでもない。

2Rが外れたら午前中の馬券は買わないつもりだったが、こうなったら阪神3R（3歳未勝利のダート1800m戦）もいっちゃえ。ここは超ダントツ人気の⑦ジローを素直に信じて、1着固定。相手は5番人気の⑤ハイパーステージ1頭に絞って、2着と3着付け。ヒモは3頭に絞ったので3連単は6点買いだ。すると、超ダントツ人気の⑦ジローが危なげなく勝って、逃げた⑤ハイパーステージが2着。3着が2番人気の⑬エムテイフラッ

1回阪神6日　11R　フィリーズレビュー

着順	予想	枠番	馬番	馬名	性齢	斤量	騎手	タイム	着差	通過順	上り	人気	単勝オッズ	体重増減	厩舎
1	△	❸	⑤	エーポス	牝3	54	岩田康	1.21.0		⑦ 10 10	中35.1	⑤	13.8	446−6	東北出成
2	▲	❹	⑦	ヤマカツマーメイド	牝3	54	池添謙	1.21.2	1¼	④ 5 3	中35.9	②	3.8	472+2	東池添兼
3		❸	⑥	ナイントゥファイブ	牝3	54	松田大	1.21.3	½	2 2 2	中36.2	⑫	45.9	464+4	東西園正
4	○	❶	①	カリオストロ	牝3	54	松山弘	1.21.4	½	① 1 1	内36.4	①	3.7	458+4	東加用正
5	△	❷	③	フェアレストアイル	牝3	54	坂井瑠	1.21.4	首	⑦ 7 7	中35.9	⑦	16.9	434 0	東中内田充
6		❷	④	メルテッドハニー	牝3	54	斎藤新	1.21.5	½	7 7 7	中35.9	⑯	200.5	394+2	南大江原哲
7		❶	②	パフェムリ	牝3	54	西村淳	1.21.7	1¼	4 3 3	内36.5	⑭	77.8	434+10	東岡田稲
8		❻	⑪	ケープコッド	牝3	54	Mデムー	1.21.9	1¼	4 6 6	外36.5	④	7.8	470+8	北高柳瑞
9	◎	❼	⑭	アヌラーダプラ	牝3	54	三浦皇	1.21.9	頭	12 11 10	中35.9	③	4.7	462−2	南萩原清
10	▲	❼	⑮	マテンロウディーバ	牝3	54	藤岡佑	1.22.2	2	14 14 13	外36.0	⑥	13.8	406 0	東中内田充
11		❼	⑬	ミズリーナ	牝3	54	武　豊	1.22.5	1¾	7 9 9	中36.8	⑬	63.4	464−8	東坂口智
12		❽	⑰	ソフィアバローズ	牝3	54	菱田裕	1.22.5	頭	⑰ 17 16	外35.9	⑰	210.9	420−6	東角田晃
13		❽	⑱	エヴァジョーネ	牝3	54	和田竜	1.22.7	1¼	12 11 10	外36.8	⑪	43.6	434+6	東安田翔
14	△	❺	⑨	クーファイザナミ	牝3	54	シュタル	1.22.8	¾	⑪ 11 14	内36.6	⑩	42.5	396−6	東武　幸
15		❹	⑧	ソーユーフォリア	牝3	54	浜中俊	1.23.0	1½	⑱ 18 18	外35.8	⑨	30.2	448+4	北高柳瑞
16		❻	⑫	ルーチェデラヴィタ	牝3	54	幸　英	1.23.3	1¾	⑭ 14 14	中36.9	⑮	100.1	446+8	東西村真
17		❽	⑯	ラボエーム	牝3	54	秋山真	1.23.4	首	16 16 17	中36.7	⑱	384.0	448−5	東大根田裕
18	△	❺	⑩	ヴァラークラウン	牝3	54	古川吉	1.24.5	7	3 3 3	中39.3	⑧	27.8	476+8	東鮫島一

単⑤1380円　複⑤440円　⑦170円　⑥920円
馬連⑤—⑦3020円⑫　　枠連❸—❹2190円⑪
馬単⑤—⑦7510円㉙　３連複⑤⑥⑦22190円㊹
３連単⑤⑦⑥119820円383
ワイド⑤—⑦760円⑥　⑤—⑥4270円㊹　⑥—⑦2480円㉘

シュだったので、3連単は4070円。すげえ安い配当だが、6点で仕留めたのならいいだろう。資金が潤沢ならこうして全レースの馬券を買いたいところだが（あてもないこうでもないと検討して買うのが楽しい）、もうそういう時代ではない。残念ながら、慎ましく生きなければやっていけない時代である。しかし時にはこういうふうに午前中の馬券をあれこれ買っていきたい。楽しいよなあ。

今週のトピックは日曜阪神メインのフィリーズレビューだ。3着までに優先出走権が与えられる桜花賞トライアルである。この3連複200倍強を仕留めたのだ。ところが計算が合わない。なんだか思ったよりも残金が多い。で、調べてみたら真相が判明した。私は3連複のつもりで買ったのに、なんと3連単を買っていた！　そういえば、と思い出したのがこのレースの馬券を買ったときのこと。私は⑤エーポス（5番人気）を1列目に置き、①カリオストロ（1番人気）と⑦ヤマカツマーメイド（2番人気）の2頭を2列目に置き、その2列目2頭＋8頭を3列目に置いた3連複フォーメーションを買ったのである。いや、買ったつもりだったのである。この場合の3連複は全部で17点のはずなのだが、私のタブレットは「18点」と表示するのだ。1～3列目の頭数を再度数えても間違いはない。それなのに「18点」を請求してくる。まあ、１００円くらい増えたっていいやとそのまま買ったのだが、３連単だから18点だったことにあとで気づいた。ということは、⑤エーポスが全馬を差し切って1着になったからよかったものの、届かず2着とか3着だったら、私の「3連単馬券」は外れていたことになる。本来なら２２０倍の３連複が当たっていたのに、結果は外れとは結構しんどかっただろう。怪我の功名で、３連単は約12万。それにしても12番人気の⑥ナイントゥファイブをよく3列目に置けたよな。しかも阪神最終（4歳以上2勝クラスのダート１２００m戦）まで仕留めたから驚いた。この3連複は７３４０円だから、たいした配当ではないが、やっぱり嬉しい。競馬が終わって気がついたのだが、この日当てたのは阪神ばかり。2Rと3R、11Rと12Rだ。メインを除けば、残り3つの配当はたいしたことはないが、それでも1日に4つも当てるとは珍事。突然、阪神が好きになった。いいぞ阪神。

無事に開催してくれるだけで嬉しい

朝、目がさめると、きょうは何をするんだっけ、とぼんやり考え、あっ、きょうは競馬だ、と跳ね起きるのがいつもの週末なのだが、日曜日の朝、そうかきょうも競馬があるんだと、なんだか気が重かった。今週は3日間開催だったが、金曜土曜とまったく当たらなかったのである。ボウズが2日も続くと、3日目は気が重い。しかし、と思い返す。英米仏の競馬が新型コロナウィルスのために開催中止に追いやられている現在、我が国でたとえ無観客でも競馬が行われているのはファンにとって実にありがたいことなのだ。これが中止になったらどうするんだ。馬券が当たらないことくらい、どうってことないぞ。というわけで、そういう時代だからこそ、ひるむことなく、日曜は前向きに取り組むことにした。資金難の最近は午前中のレースはやらないことが多いのだが、競馬をやっているなんて嬉しいじゃないか、感謝の気持ちをこめて馬券を買おう。

というわけで、中山1R（3歳未勝利のダート1800m戦）で⑮ヒラボクハーツ（8

番人気）の単複と（単勝は24倍だった）、この馬から1～2番人気、つまり⑥ティケイプルメリアと⑭ディンブラへのワイドを購入。まあ朝だから軽い小手調べである。このくらいで勘弁してあげよう。ワイドの相手は3着と1着だったが、肝心の軸馬が10着。ふーん。中山2Rはケンして、次は中山3R（3歳未勝利のダート1800m戦）。ここは⑨リュウノチョッパーが面白い。8番人気の馬だ。ここから馬連を流すと、その⑨はどこを走っていたんでしょうか。結果は10着。1R、3Rともに選んだ馬が8番人気で、どちらも10着だったのは偶然だが、こうなったら意地だと、次の中山4R（4歳以上1勝クラスのダート1200m戦）でも、8番人気の⑫ファインダッシュを軸に抜擢してみた。本当は6番人気（最終的には7番人気）の⑯ナイスプリンセスとどちらを軸にするか迷ったのだが、3回連続で8番人気でいってやれと⑫ファインダッシュを選択。すると三度目の正直で、今度はきっちり3着にきたからびっくり。ホントかよ。しかも②スズノフブキと⑨シークエル、つまり1～2番人気が順当に1～2着したのだ。8番人気から1～2番人気馬へのワイド購入という1Rの方式で馬券を買えば、2本も的中していたことになる。その配当は、1190円と1400円。いいじゃないかそれで。ところが私、この4Rではもっと大きな配当を狙っていた。⑫か⑯で軸を迷ったのだからこの2頭のワイドを買うのは当然である。ワイド⑫⑯は40倍。待てよ、馬連も買っておこう。馬連の⑫⑯は170倍。それではこの2頭を軸にした3連複も買ってやれ、と外枠中心に買うと300倍だの700倍だの、おいしいオッズが並んでいるから夢が膨らんでいく。最後は⑫⑯を中心にした3連単まで買ってしまった。妄想は止まらないのである。100万馬券はさすがになかったが、40～50万馬券はわんさか。いやあ、楽しいぞ。もっとも楽しかったのはレースが始まるまでで、せっかく軸の8番人気馬が3着にきたのに、1～2番人気を買ってないのでスカ。このレースに入れた総額が9200円。それを1～2番人気の2頭相手のワイドに、5000円と4000円入れておけば、ええとええと、おお、軽く10万になっていた！　バカかお前は。

この日、阪神2Rの3連複67倍を当てたオサムから「このくらいの当たりでは全然足りませんが、WIN5が当たればほかは当たらなくてもいいのです」とメッセージが入ったので、そうか、WIN5かと久々に買ってみたが、一発目で外れ。金曜のWIN5が5000万で、この日が4000万。そんなに荒れたら少ない点数で当てるのは困難だ。この日、花見ランニングの会に参加したアキラから浅草は結構人が出ていましたと報告がきたが（土曜の新宿中央公園はがらがらだったという。連日の花見かよ）、そうか、週末に馬券を買わない人もたくさんいるということだ。東のスプリングSで、馬連2910円と3連複3050円を、西の阪神大賞典で3連複7550円を仕留めたので、この日の負けを少額にとどめることができたのだけが救い（金曜土曜の負けは丸ごと残ったから今週も大負けだ）。

悔しいのは、阪神大賞典の3連単を仕留めるのはどう考えても無理だったが、スプリングSの3連単（370倍）は買えたことだ。9820円の馬単も買うことができたと思う。ああしてこうしてこうすれば、3連単と馬単馬連を各1000円買って、配当総額50万弱をゲットできていた！　オレには大胆さが足りないと深く深く反省するのである。

しかし、こうしてああでもないこうでもないと反省するのも、無事に競馬が開催できているからだ。それを考えれば、負けたとか、なぜ3連単を買わなかったのかとか、そういうことは瑣末なことだという気がする。来週も無事に競馬が行われますように、と祈るのである。

13万円か、ゼロか

日曜日に雪が降った。前日の予報では山沿いでは積もるかもしれないが、都心並びに私の地元では積もらない、ということだったが、朝起きるとしんしんと降っていて、これは積もりそう。あとのニュースで知ったが、3月後半の東京で積雪1センチ以上の雪が降ったのは32年ぶりだという。ちょっと待ってくれ、うちの次男が生まれる前日も雪が降ったが、あれ以来ということか。どのみち、日曜は外出自粛要請が出ていることだし、ずっと家にいて、テレビを見ながら競馬を楽しむつもりだったから雪が降ろうと槍が降ろうと別にいいのだが、積もるとなると雪かきをしなければならない。私の家の前は坂道なので、雪かきをしないと翌朝凍って危ないのだ。

いつも、雪がやむと近所の人がいっせいに出てきて、それっとみんなで雪かきをする。相談してやるわけではない。誰かがスコップを手に外に出てくると、一軒また一軒と出てくるのだ。坂の上までいっせいに雪かきするとあっという間に、終わってしまう。大変に気持ちがいい。しかし高松宮記念のレース実況のときに雪かきするのは問題だ。その時間にはテレビの前にいたい。しかしやまないうちに雪かきはできないし、ちょうどいい時間にやんでくれないと困る。と心配していたら、中山が3Rの前に開催中止。中山はすごい雪だ。とても3月末とは思えない雪景色。中京は降ってないからこういう心配はないのだが、家の前の坂道の雪が心配である。

午後2時前にその雪がやんだ。おお、ちょうどいい時間だ。これならメインレースには間に合う。と支度して外に出ると、いつもは近所の人がいっせいに出てくるのに、この日は誰も出てこない。外出自粛は要請されたけれど、雪かきはいいんだよ。えーっ、おれが一人で雪かきやるの？　坂の上までの距離は結構あるぞ。家の前の雪かきをしながらしばらく待ったが、それでも誰も出てこない。ええい、こうなったら一人でやったれ。それから小一時間、休み休み雪かきをしたが、終わったときは疲労困憊。ずっと中腰でやっていたので、腰が痛い。

しかしひそかに、これで「いいこと」があるかもと思っていた。この日は朝からばしばし馬券を買い、一つも当たらなかったけど、きっとメインで爆発するのだ。数年前にシゲ坊が80万の3連複を仕留めたことを思い出す。総武線の座席に忘れていった携帯を届けるために、その駅まで戻るという手間をかけたら、そういうプレゼントを神様がくれたのである。もちろん、そういうことを期待して忘れ物を届けたわけではない。もともとそういう性格の青年なのである。中山競馬場からの帰り道で、あっ、とシゲ坊が突然立ち止まったことを思い出す。どうしたんだ、とびっくりしたら、「携帯を届けたからだ」とシゲ坊がつぶやいた。「あっ」と私も顔を上げた。それ以来、「いいこと」をするとついつい期待してしまうのだが、期待するとダメなんですね。そういう下心のあるやつに神様は冷たいのである。だから、一人で坂道の雪かきをして、これでいいことがあるかもと期待して、それだけでもすでにダメなのに、オサムとアキラに「おれは一人で雪かきしたんだぜ、きっといいことがあるぜ」などとメッセージを送るのだから、もう決定的にダメだ。本当のことを言うと、たぶんいいことなんて起きないから、せめて話だけは楽しみたいとの気持ちだった。オサムとアキラにウケればそれでいいのだ。

前置きが長かったが、こうして高松宮記念が始まった。外から⑯モズスーパーフレアが先頭に立ち、2番手が⑫セイウンコウセイ、そのうしろに⑪クリノガウディー、③ダイアトニック、⑥ダノンスマッシュなどがいるが、⑯モズスーパーフレアがぐんぐん飛ばしていく。4コーナーを回ると⑫セイウンコウセイをかわして⑪クリノガウディーが2番手に上がっていく。そのすぐ内にいるのが③ダイアトニックだ。⑯モズスーパーフレアがいつタレるのかと思って見ていたが、全然タレない。しぶとい馬だ。後ろからは何にもこない！

1回中京8日　11R　高松宮記念

着順	予想	枠番	馬番	馬名	性齢	斤量	騎手	タイム	着差	通過順	上り	人気	単勝オッズ	体重増減	厩舎
1		❽	⑯	モズスーパーフレア	牝5	55	松若風	1.08.7		1①	内34.5	⑨	32.3	494　0	美音無秀
2	◎	❹	⑧	グランアレグリア	牝4	55	池添謙	1.08.7	鼻	⑬12	外33.1	②	4.1	486+12	北藤沢和
3	△	❷	③	ダイアトニック	牡5	57	北村友	1.08.7	頭	4④	内33.7	④	9.2	472+　2	美安田隆
4		❻	⑪	クリノガウディー	牡4	57	和田竜	1.08.7	降	33	中33.8	⑮	64.6	494-　2	美藤沢則
5		❽	⑰	シヴァージ	牡5	57	藤岡佑	1.09.0	2	1515	外33.1	⑫	40.0	500　0	美野中賢
6	△	❹	⑦	グルーヴィット	牡4	57	岩田康	1.09.0	鼻	⑮14	中33.2	⑬	40.1	494-　2	美松永幹
7	▲	❻	⑫	セイウンコウセイ	牡7	57	幸　英	1.09.1	首	22	中34.4	⑥	22.8	504　0	北上原博
8		❷	④	ティーハーフ	牡10	57	国分優	1.09.1	鼻	89	中33.8	⑰	304.2	472+　8	美西浦勝
9		❶	①	ステルヴィオ	牡5	57	丸山元	1.09.3	1	87	内34.1	⑦	24.8	488-　4	北木村哲
10	○	❸	⑥	ダノンスマッシュ	牡5	57	川田将	1.09.7	2½	⑦4	中34.7	③	4.1	474-　4	美安田隆
11	△	❶	②	アウィルアウェイ	牝4	55	松山弘	1.09.7	頭	811	中34.2	⑪	38.1	480+　2	美高野友
12	▲	❺	⑨	タワーオブロンドン	牡5	57	福永祐	1.09.8	¾	89	外34.5	①	3.8	514-　6	北藤沢和
13	△	❼	⑭	モズアスコット	牡6	57	Mデムー	1.09.9	首	1717	内33.7	⑤	9.8	494　0	美矢作芳
14		❼	⑮	ナックビーナス	牝7	55	田辺裕	1.10.3	2½	44	中35.3	⑭	57.6	532-　2	北杉浦宏
15		❽	⑱	ノームコア	牝5	55	横山典	1.10.6	1¾	812	外35.0	⑧	26.7	478+11	南萩原清
16		❸	⑤	ラブカンプー	牝5	55	酒井学	1.10.6	首	47	中35.4	⑱	329.2	444+　6	美森田直
17		❼	⑬	ダイメイプリンセス	牝7	55	秋山真	1.10.9	2	1315	外35.0	⑯	245.6	504+14	美森田直
18		❺	⑩	アイラブテーラー	牝4	55	武　豊	1.21.9	大	⑱18	内42.9	⑩	33.2	426-　8	美河内洋

単⑯3230円　複⑯810円　⑧210円　③290円　　ブリンカー＝⑰⑦
馬連⑧―⑯9150円㉜　　枠連❹―❽2300円⑪
馬単⑯―⑧26540円㊷　　３連複③⑧⑯22830円㊿
３連単⑯⑧③217720円640
ワイド⑧―⑯3540円㊶　③―⑯3770円㊹　③―⑧880円⑥

待ってくれ、着順はともかくこの3頭で決まると、つまり⑯モズスーパーフレアと⑪クリノガウディーと③ダイアトニックで決まると、私の馬券が当たる！

⑪クリノガウディーがぎゅいーんと伸びて先頭に立つところにものすごい脚で外から差してきたのが⑧グランアレグリア。テレビの前で思わず立ち上がった。リプレイを見ると、⑪→⑯→⑧→③の順序だ。③は4着に落ちてしまったが、私の軸馬は⑪なので、これでも私の馬券は当たり！　急いで3連複の配当を調べると、13万7800円。おお、いいことはある！

ところが審議のアナウンス。最後の直線で、⑯と③の進路が妨害された件で、上位入線馬が審議の対象になっているという。⑧は外から最後に差してきたわけだから関係がない。そうなると審議の対象は私の軸馬である⑪しかあり得ない。この馬が4着に落ちたら馬券はスカ。13万円かゼロ。長い長い審議だった。嗚呼！

ぼっかけ焼きそばの街

大阪杯がGⅠになったのは2017年からだが、この年、オサムと二人で阪神競馬場に行った。勝ったのはキタサンブラック、2着はステファノス、3着はヤマカツエース。「大阪杯過去10年の成績」という競馬エイトの表を見たら、そのときの3連単の配当は2万3910円。1番人気の馬が勝ったにしては結構ツイている。ところがこの年のことはまったく覚えていない。馬券が当たった記憶はないから、外したことは間違いないが、では何を買ったのかも記憶にない。泊まったホテルが三宮の駅から遠いところにあり、てくてく歩いたことだけを覚えている。なんだか暑い週末で、半袖シャツを探して三宮センター街を歩いたのはこの年ではなかったか。覚えているのはそのくらいだ。

翌年もまた大阪杯に出撃したが、この年のことははっきりと覚えている。たそがれのトシキ、そしてアキラも誘って4人で出撃したのである。楽しかったなあ。土曜の夜の飲んだ帰りに生田神社に寄ると、もう遅い時間だったので中に入れず、ところがシャッターのすぐ向こう側に賽銭箱が置いてあり、シャッターの隙間からお賽銭を入れることができるので、みんなで入れた。そのときいちばん多くのお賽銭を入れたアキラが翌日ただ一人勝ったから、生田神社の霊験はあらたかだ。

遠征先の飲み屋を決めて予約するのはいつもこのアキラなのだが、膨大な手間をかけて選ぶのだろう。これまで外れたことがない。下手な幹事に選ばせると、行ってみたらたいしたことがなかったりする場合が少なくないから、アキラはやっぱり有能なのである。このときは金曜は中華、土曜は串揚げ屋だったが、両方ともに当たり。スワーヴリチャードが勝ったこの年の大阪杯が楽しかったのは4人旅が充実していたこともあるが、メインの大阪杯を仕留めたからでもある。このころは3連単を買っていなかったので、2930円の馬連だけにとどまったが、3連単を買っていれば、1万7450円の3連単も簡単に仕留めていただろう。阪神競馬場が素晴らしいのは、この大阪杯の朝に、翌週の桜花賞の整理券配付時間を告知していたことだ。B指定は当日指定なのだが、当日の何時に整理券が配付されると事前にわかっていれば、大変に助かる。そのシステムが2018年だけのことだったのか、それともいまでも続いているのかは知らないが、よその競馬場にこんなシステムがあるなんて聞いたことがない。2018年は大阪杯の翌週も、つまり桜花賞にオサムと二人で出撃。地元ならともかく遠征なのに連闘とは私も初。このときも三宮泊だったが、２週ともに金曜入りなので、なんと10日間のうち６日間も三宮にいたことになる。こんなことも初めてだ。「大阪杯過去10年の成績」を見ていて、あれっとなったのは、昨年、つまり２０１９年は大阪杯に行ったんだろうか。どちらだったかわからず、まったく記憶がないことだ。オサムに尋ねてみると、２０１９年は大阪杯をやめ、桜花賞に行ったのだという。よく覚えているなあ。じゃあ、ぼっかけ焼きそばの存在に気がついたのは、その２０１９年の桜花賞のとき？　するとすぐにオサムからメッセージが返ってきた。「あれは２０１８年の秋に、ワグネリアンが勝った神戸新聞杯を観に行ったときです」。そうなんだ。

今年の大阪杯が終わって、阪神最終レースに出場する馬たちが本馬場に出てきたとき、阪神競馬場のさまざまな思い出が脳裏を駆けめぐった。この３年だけではなく、阪神競馬場にはたくさん思い出がある。初めて訪れたのは、タイホウヒーローが勝った鳴尾記念の日で、１９７６年だったろう。次は１９９８年７月18日、これは記憶に鮮やかだ。トウショウオリオンがサマーSに出て惨敗した日である。その日に約20年ぶりに阪神競馬場を訪れたらあまりに綺麗になっているのでびっくりしたことはまだ覚えている。その翌週、北九州記念に連闘で出てきたトウショウオリオンは人気薄で勝っちゃうのだが、おお、思い出話を書いていくとキリがない。近年では、12人のツアーを組んで阪神に出撃したとき、あの「12人横一列問題」に遭遇したことが記憶に新しい。

4月初週の馬券の話に全然ならないのは、なにひとつ覚えていないからだ。土曜の朝から飛ばして日曜の最終まで、目いっぱいに闘って全治1カ月。はっと気がつくとそれだけ負けていたのだが、でかい勝負で負けたわけではない。均等に、ずるずると負けが続いて、どんどん負債が積もり積もったのである。

もう一度、みんなと遠征に行くことはできるのだろうか。阪神だけではなく、京都や小倉や新潟や中京など、各地の競馬場に行く日はくるんだろうか。いや、絶対にくる。明けない夜はないというから、その日がくるまで元気でいよう。またいつか楽しい旅ができると信じよう。生田神社のシャッターの隙間から手を差し伸べてお賽銭を入れる日がくることを、いまは信じているのである。

ひらめき追加作戦は危険だ

１回福島２日目の８Ｒ。４歳以上１勝クラスの芝１２００ｍ戦だが、パドック中継を見ていたらむらむらしてきた。特に、パドックの気配が素軽い馬を見つけたわけではない。馬券を買いたくなってきたのだ。実は、あまりにも負けが膨れ上がってきたので今週から馬券を制限することにしたのである。で、考えた末の結論は、１日２レースしか買ってはいけないと決めた。数年前の夏、ワイド作戦を導入したとき、「厳選３鞍」と決め、馬券を買うのは１日３鞍と決意したことがあるが、今度はもっと少なく、「厳選２鞍」だ。これからＧＩ戦線が続くので、ＧＩともう一つ。できれば多頭数の最終レースがいいが、面白ければ最終でなくてもいい。で、土曜は、阪神５Ｒと中山メインの馬券を買って、テレビを消したのである。夕方に確認したら、二つともに外れていたが、それはまあいい。問題は日曜日だ。この日の「厳選２鞍」は、桜花賞と中山最終だったが、昼前に馬券を買って、テレビを消すというわけにはいかない。桜花賞に出走する各馬の馬体重も確認したいし、パドックも見たい。だから、テレビをつけていたって見なければいいんだと自分に言い聞かせ、朝からつけっぱなしで、本を読んでいた。桜花賞の時間が近づいたら本格的にテレビの前に陣取るつもりだったが、福島８Ｒでとうとう我慢できなくなった。なんでもいいから馬券を買いたい！　もともとは全場全レースの馬券を買っていた人間である。それではいかんと購入レースを制限し、20レース前後にまで減らした時期がいちばん長かった。それでもダメだと近年では10レースを目標にして結果的には12～13レースにおさまるように落ちついている。時には7～8レースの日もある。おお、君はエライ！　しかしもともとは朝からばらばら買うような、そういう人間なので、特に自信があるわけでもないのに、とにかく馬券を買いたい気持ちがいつも体に渦巻いている。それが福島８Ｒで噴出してしまった。

12番人気の⑫キュールエミヤビになぜ目をつけたのか、あとになっていくら考えてもわからない。手元の競馬新聞にはトラックマンが一人も印をつけていない。まったくの無印である。馬柱は前3走しか載っていないが、それが10着、10着、16着。いいところがまったくない。しかし前走は、5カ月ぶりの重の中京１６００ｍ戦を逃げて、バテただけだから、距離を短縮してきた今回は叩き2戦目の変わり身があるかもしれない。相手は1番人気の⑤スワーヴシャルル。この馬連が約60倍なので、まずこれを１０００円。次にこの２

頭を軸にして3連複をばらばらと。これで万全と思ってスタートを待つと、その⑫キュールエミヤビも⑤スワーヴシャルルも終始後方まま。なかよく11着と12着。前に10頭いなければ馬連が的中だが、ふーん。このレースを勝ったのは⑨クリノイダテン、2着は⑪ドクターデューン、3着が③リゲイン。人気は順に、15番人気→10番人気→8番人気だ。馬連が880倍、3連複が35万、3連単が190万。逆立ちしても買えない馬券である。自分の馬券が外れたことはかまわないが、そんなレースに手を出したことがバカみたい。この福島8Rで損した金額はたかが知れている。しかしそういうことではない。いちばんの問題は、これをきっかけに止まらなくなったことだ。ええい、こうなったら行くぜと、阪神中山を買いまくり、はっと気がつくと桜花賞も終わっていて、全治1カ月。福島8Rに手を出さなければ、こんなことになっていなかったに違いない。なんで、あんなレースに手を出しちゃったのかなあ。

中山最終の3連複1万5460円をなんとか仕留めたが、福島8R以降あんなにばしばし馬券を買っていなかったら小怪我で済んだのに、全治1カ月の負債の前では焼け石に水。私、この3週で全治2カ月半強。もうダメだ。来週から本腰入れて抜本的な改革に乗り出さなければならない。しかしそうは思うものの、具体的にどうしたらいいのか、まったくわからない。流れが悪いときには競馬場の外に出て、時間を置いて戻ってくると流れが変わるという「必殺外出作戦」があるのだが、競馬場にいるわけでもないし、その必殺技も繰り出せない。しかしどうして桜花賞もあんなに馬券を買ってしまったのか。お、この組み合わせ、いいじゃん、とひらめくたびに追加して全部でいくら買ったのか。そういえば、ずんぶん昔、シマノという競馬友達が競馬場を歩きながら、通りかかった窓口で馬券をどんどん買い足していたことがあったが（あまりに買いすぎたので、万馬券を仕留めたのにそのレースがトリガミだったことがある）、あれも歩いているとどんどんひらめくのかもしれない。競馬場にわんさか客が押しかけて、しかも紙の馬券を売っていたころのことだから、遙か昔の話である。ひらめき追加作戦は今後絶対に慎むように、と忘れそうだから書いておこう。

またワセダインブルーだ

土日でいちばん面白かったのは、土曜中山のメイン、第22回の中山グランドジャンプだった。アキラが「メドウラークが気になるなあ」と言ったのである。私は障害レースは買わないので新聞も見ていなかったが、メドウラークが出ているのか。するとオサムが「ぼくたちが福島に遠征したときに七夕賞を勝った馬ですね」とメッセージを書き込んできた。途端に思い出した。あのときの七夕賞は第54回だったので、馬連④⑤を遊びで1000円買おうと思ったのである。で、新聞をみたら、⑤マイネルサージュは4番人気だったが、④メドウラークは11番人気。その年の七夕賞は12頭立てだったので、ブービー人気である。こんな馬、こないよなあ、とやめてしまった。いつも半分以上は思いつきで買っているのだから、そのときも買えばよかった。④メドウラークが勝って、⑤マイネルサージュが2着の馬連は、2万3250円。やめずに1000円買っていたら、23万である。呆然としていたことを思い出す。そうか、障害に転向していたのか。その⑧メドウラークがハナを取り、２番手が⑥オジュウチョウサン、３番手が⑪メイショウダッサイ。「このままがいいなあ」とアキラ。あとで調べたら、もしそのままで決まったら、３連単は３７０倍。「⑥→⑧→⑪でもいいんだけど」。そちらは58倍。アキラの夢を乗せて、各馬が走っていく。まあ、⑥オジュウチョウサンが負けるとは考えにくいから３７０倍は無理だろうけど、⑧メドウラークが2着に残って58倍なら、無理筋ではないかもしれない。アキラのためになんとか残れないか。と思って見ていたが、あっという間にタレて、最後方。とうとう競走中止してしまった。でも近年、1円も馬券を買ってないのにあれほど真剣に応援したことはない。「ああ、メドウラークがもうダメだあ！」というアキラのメッセージが目に焼きつくのである。

いちばん面白かったのは、この中山グランドジャンプだが、いちばんの後悔と、いちばんの反省は日曜福島の最終レース、奥の細道特別だ。４歳以上２勝クラスの芝２６００ｍ戦だが、⑪ワセダインブルーが出てきたのだ。未勝利時代から追いかけている馬で、何度か馬券も取らせてもらった。未勝利時代は中山で４コーナー最後方から一気に追い込む競馬をしていたが、最近はまくりの競馬が板についてきている。昇級初戦の前走は、まくりが不発に終わったが、間隔をあけたほうがいい馬なので、２カ月半の休み明けなら面白い。調教も動いている。それで9番人気は極端においしい。当日の朝、「今日の勝負は福島最

1回福島4日　12R　奥の細道特別

着順	予想	枠番	馬番	馬名	性齢	斤量	騎手	タイム	着差	通過順	上り	人気	単勝オッズ	体重増減	厩舎
1		❽	⑪	ワセダインブルー	牡5	57	菅原明	2.44.4		⑩ 10 7	中**37.6**	⑨	28.2	444 0	(北)金成貴
2	◎	❺	⑥	ウインレーヴドール	牡5	57	丹内祐	2.44.6	1¼	4 4 2	内38.7	①	3.8	464－2	(北)高橋祥
3		❹	④	ミルトプレスト	牡6	57	荻野極	2.44.8	1¼	⑧ 6 7	内38.3	⑫	141.3	496－4	(南)佐藤吉
4	△	❻	⑦	テーオーフォルテ	牡6	57	団野大	2.45.3	3	8 9 7	外38.7	③	4.6	512－6	(栗)藤岡健
5	△	❺	⑤	コロンバスデイ	牝5	55	藤田菜	2.46.1	5	6 6 ⑦	中39.6	⑧	27.9	476＋8	(北)小笠倫
6	○	❶	①	ヒラボクメルロー	牝4	55	西村淳	2.46.2	首	1 1 1	内40.6	④	5.8	448－12	(栗)寺島良
7	△	❼	⑨	メイショウロセツ	牡5	57	横山武	2.46.6	2½	7 6 5	中40.1	⑥	12.7	498－8	(栗)河内洋
8	△	❼	⑩	サトノシャーク	牡6	57	酒井学	2.46.6	首	12 12 11	外39.6	⑦	20.9	530－6	(南)田中博
9	▲	❷	②	ノーチカルチャート	牡4	57	鮫島駿	2.46.6	頭	4 4 3	中40.8	⑤	6.6	478－4	(栗)奥村豊
10	▲	❸	③	サンサルドス	牡4	57	吉田隼	2.47.0	2½	2 2 5	内41.3	②	4.5	536－2	(栗)安田隆
11		❽	⑫	ジャディード	牡5	57	丸田恭	2.47.4	2½	3 2 3	内41.7	⑪	117.8	454＋6	(北)小島茂
12		❻	⑧	ホクセンジョウオー	牝5	55	菱田裕	2.50.1	大	10 12 12	内43.0	⑩	46.7	476－2	(南)松山将

単⑪2820円　複⑪650円　⑥180円　④2080円　ブリンカー＝⑩
馬連⑥—⑪6280円㉒　枠連❺—❽3820円⑯
馬単⑪—⑥17860円㊿8　３連複④⑥⑪104970円161
３連単⑪⑥④653640円914
ワイド⑥—⑪1490円⑳　④—⑪15110円62　④—⑥5680円㊹

終です！」と宣言したのも、それだけ自信があったからにほかならない。問題は相手がわからなかったことだ。最大の失敗は、この福島開催で関西馬が好成績をおさめていることに、こだわりすぎてしまったこと。

この奥の細道特別には5頭の関西馬が出走していた。だったら、相手はその5頭でいいのではないか。どうして、そう決めつけてしまったのか、あとでいくら考えてもわからない。その5頭への馬連、3連複、3連単、全部あわせて1万強の投入である。いちばんの好配当は24万。まあ、それくらいで勘弁してあげよう。

いやあ、⑪ワセダインブルーは強かった。レースの上がりより1秒以上速い上がりタイムでまくり切ってしまった。それでもテレビに向かって叫べなかったのは、2番手にいるのが⑥ウインレーヴドールだったからだ。1円も買ってない関東馬である。これでは叫びようがない。相手は関西馬だなんて、決めつけなければ簡単に取れていた馬券である。なにしろ2着の⑥は1番人気だったのだ。その馬連6280円はもちろんのこと、⑪ワセダインブルーは勝つと思っていたので、馬単1万7860円も楽勝でゲットできていた。3着の④はビリ人気馬なので（しかも、こいつも関東馬）、3連複と3連単は総流しにでもしなければ、10万の3連複と、65万の3連単は無理だったろうが、馬連と馬単は絶対に取れていた！　皐月賞の馬券が外れたのはいいとしよう。これは全然、後悔しない。しかし、この福島の奥の細道特別は、取らなければいけなかった。こういうレースを取らずに、何を取るというのか。ちなみに、アキラはワイド④⑪150倍を的中。ビリ人気馬をよく買えたよなあ。

そうか、単複でよかったのだ。相手がわからないなら、単複でいい。福島最終に入れた金額は、正確にいうと1万3000円なのだが、全額複勝に入れていると、複勝は650円だったので、8万5000円になっていた。単勝5000円と複勝8000円にわけて突っ込むと、単勝は2820円だったので、総額19万だ。いいじゃんこれで。9番人気であるにもかかわらず、この馬の頭は堅い、と自信が持てるレースは、今後あるだろうか。土日が終わってみたら全治1カ月半。この開催の収支は合計で全治4カ月。もう私、ダメだあ！

最後まで諦めるな

前の開催はあまりに負けすぎたので、真剣に考えた。こんな負債を開催ごとに作っていたのでは夏前にパンクするのは必至。こういうときは目先を変えるだけではダメだ。馬連だけにするとか、ワイドだけにするとか、いろいろな作戦はあるけれど、どれも同じことという気がする。目先を変えても、しょせんは同じことなのだ。これまでとはまったく違うことをしなければ、と思うのである。そこで、週に2回だけ、単複を買うというのを考えた。単勝、複勝、どちらでもいいから、週に2頭だけ。それを各5000円買う。だから、両方ともに外れたらその週のマイナスは1万。どちらかが当たればチャラ。最初に当たれば、それを2頭目に転がす、というのも決めた。さらに最低オッズは、単複ともに2倍以上。ちなみに、これは2週限定の荒療治だ。これから春のGI戦線が続くことだし、その祭典の真っ只中に、単複しか買わないというのは淋しい。2週間はこの作戦を採用するが、そのあとは後日の課題としたい。

　というわけで、まず土曜の候補は次の3頭。京都6Rの⑯ショウゲッコウ。福島11R福島牝馬Sの③サラキア、東京11RオアシスSの⑫バレッティ。結論から先に書けば、6番人気で8着、4番人気で5着、4番人気で2着。つまり、東京11RオアシスSの⑫バレッティを選んでおけば、土曜は正解だった。その複勝は250円。5000円入れていれば、配当は、1万2500円。日曜日に夢を繋いだところだったのだが、私は福島牝馬Sの③サラキアを選んでドボン。日曜は、フローラSの⑨スカイグルーヴの単勝1本という予定だったが、土曜を外したのでつまらなくなった。1万2500円を入れるから面白いのであり、いくらこれまでとは違う試合をしたいとはいえ、2・1倍の単勝を5000円買ってもつまらない。そこでスカイグルーヴが勝ったら、その配当をまるごと福島最終の米沢特別の⑧ペイシャドリームの複に転がすことにした。この⑧ペイシャドリームはディープブリランテ産駒で、前日も同産駒がきている。その単勝が12・4倍→11・9倍→7・4倍（最終的には3番人気）と人気を集めているのもいい。この逆のパターンはまずいが、こういうのはいい。私が突っ込むのはこの馬の複勝だが、最終的に最低で2・4倍だから、スカイグルーヴの単で得た配当金を入れれば3万くらいにはなるだろう。

　単勝にするか複勝にするかはレースによって自在に変えていいこと。どちらにしても買うのは1点5000円のみ。あとは、できれば後半のレースのほうが望ましいこと。というのは、あまりに早いレースに突っ込むと、そこでやめられなくなりそうだからだ。たとえば日曜の福島6R、3歳未勝利の芝2000m戦だが、和田が騎乗する⑫バビットの単で堅いような気がするのである。1番人気の馬だが、1倍台かなと思っていたのになんと2倍以上あるのだ。スカイグルーヴの単などやめてここに5000円入れるのはどうか。そう思ったのだが、ここで外れたら、がんがんいっちゃいそうだよなと我慢。すると、本当にその⑫バビットが危なげなく勝つのである。その単勝がなんと290円。5000円入れていれば、1万4500円である。その瞬間、私の理性が吹っ飛んだ。むらむらしたときにはいくべきなのだ、もう誰もオレを止めるな、とばかりにそこからは怒濤の馬券ラッシュ。せっかく、これまでとは違う試合をするのだと決めていたのに、あっという間に元の木阿弥。土曜がおとなしくできたのは馬券を買ってから仕事場に移動し、レースを見なかったからで、私が大人になったわけではない。日曜は自宅で朝からテレビの前に陣取った。そうなると、むずむずしてくるんですね。私、性格が全然変わっていない。

フローラSを迎えたときには、スカイグルーヴの単を5000円買ったところでどうということもないから単勝一本は中止して、この馬を1着に固定した3連単にした。そして、スカイグルーヴが5着に負けると、福島最終の米沢特別は、⑧ペイシャドリームを軸にした3連複にした。もういつもと同じ馬券である。⑧ペイシャドリームが6着（同着！）に負けると、これじゃあ、いつもと同じだよなあ、でも反省するのは来週からにしよう。私はよくこういうことを考えて、最終にがんがん入れてしまうのだが（ようするに、すぐに反省できないのである）、京都最終を外すとさすがに諦めた。こんなのこないよなと東京最終を買ったときには、収支ノートにその日の負け額を書き込んだ。いいや、来週から反省する――と思ったら、その東京最終で400倍の3連複がヒット！　そこまであまりに負けすぎていたので、400倍を取っても浮きには転じなかったが、マイナスが大幅に減。もちろん大変嬉しいのだが、せっかく来週から反省しようと思っていたのに、いったいどうしたらいいんだ？

スリーグランドを買え

土日に2レースしか買わないという新ルール（しかも買うのは単勝か複勝、そのどちらかだけ）は、土日とも当たらず、ヤケになっていつもの馬券買いに突入したら最終レースで400倍の3連複が当たるという嬉しいような、それでは練習にならないような、複雑な結果となったが、もともと2週限定の新ルールなので、もう1週だけやることにした。で、土曜東京のメイン、青葉賞の④ブルーミングスカイ（8番人気）の複勝に5000円入れると、絵に描いたような4着！　日曜の候補は、京都9R鷹ケ峰特別の⑱ラミエル（2番人気）の複、京都11R天皇賞の⑭フィエールマン（1番人気）の単、東京最終の④スタンサンセイ（1番人気）の単。オッズは検討した昼の時点と最終オッズは異なるのだが、最終オッズを並べれば、1・8倍、2倍、1・9倍である。当たれば転がしたいので、早いところからやったほうがいい。もしもこの三つを全部転がしで当たれば、最後には3万4200円になる。と思っていたら、オサムが京都10R端午Sの⑤イモータルスモー

3回京都4日　10R　端午S

着順	予想	枠番	馬番	馬名	性齢	斤量	騎手	タイム	着差	通過順	上り	人気	単勝オッズ	体重増減	厩舎
1	▲	❸	⑥	サトノラファール	牡3	56	藤岡康	1.24.5		⑭14⑬	外36.3	③	6.6	528−10	栗中竹和
2	△	❽	⑮	メイショウテンスイ	牡3	56	酒井学	1.24.6	½	6 3 2	外37.6	⑥	13.5	514＋2	栗南井克
3		❺	⑩	スリーグランド	牡3	56	太宰啓	1.24.7	½	15 15 ⑬	外36.6	⑫	41.0	460−4	栗高橋忠
4		❸	⑤	イモータルスモーク	牡3	56	坂井瑠	1.24.8	首	13 12 ⑪	内37.0	⑬	41.3	490−2	北金成貴
5	△	❺	⑨	ニシノホライゾン	牡3	56	藤岡佑	1.24.8	頭	⑯16 16	外**35.8**	⑭	58.1	502＋4	北的場均
6	△	❻	⑪	アウトウッズ	牡3	56	武　豊	1.24.8	首	8 7 6	中37.4	④	6.7	516＋2	栗浅見秀
7	○	❶	②	テイエムサウスダン	牡3	58	Mデムー	1.24.9	首	3 2 2	中38.3	①	4.4	518−6	栗飯田雄
8	△	❶	①	オーロラテソーロ	牡3	56	幸　英	1.24.9	頭	1 1 1	内38.3	⑩	26.0	490 0	南畠山吉
9		❻	⑫	ウルトラマリン	牝3	54	川田将	1.24.9	首	3 3 2	中38.0	⑧	17.9	470＋2	栗今野貞
10		❼	⑭	エンプティチェア	牡3	56	岩田望	1.25.4	3	8 10 10	中37.7	⑮	66.5	462−2	栗音無秀
11		❹	⑦	ファシネートゼット	牝3	54	松若風	1.25.5	½	8 7 8	内38.1	⑨	23.7	454−8	栗平田修
12		❼	⑬	レイテントロアー	牡3	56	横山典	1.25.5	首	12 12 11	中37.6	⑤	6.8	466−2	北田中清
13	◬	❷	④	サダムスキャット	牝3	54	川須栄	1.25.7	1¼	5 5 5	内38.6	⑦	14.5	460＋4	栗中尾秀
14		❹	⑧	ヴァンドゥメール	牡3	56	和田竜	1.27.1	8	6 7 8	外39.6	⑪	36.6	492＋6	北加藤征
15	◎	❷	③	アイオライト	牡3	57	ルメール	1.28.1	6	1 5 6	中41.0	②	5.4	472−12	北武藤善
16		❽	⑯	マイネルワルツ	牡3	56	国分優	1.29.7	10	8 10 16	内41.8	⑯	113.9	448 0	南矢野英

単⑥660円　複⑥340円　⑮460円　⑩880円　ブリンカー＝⑧
馬連⑥—⑮3940円⑭　枠連❸—❽4420円⑳
馬単⑥—⑮7120円㉗　3連複⑥⑩⑮35980円127
3連単⑥⑮⑩141150円440
ワイド⑥—⑮1480円⑭　⑥—⑩3180円㊱　⑩—⑮5620円㊿

クが面白いとメッセージを書き込んできた。この最終オッズがすごい。この馬は13番人気なのだが、その複勝は下限が910円。もしも転がしにこの馬を挟むと、最終配当は30万。こういうのを、取らぬ狸の皮算用、という。

京都9R鷹ケ峰特別の⑱ラミエルはどこを走っていたんでしょうか。あとで調べると、なんと13着。これで私の単複作戦は終わってしまった。当たれば転がすけれど、土曜に一つ外れ、日曜に一つ外れたときは即終了。仕方なく京都10R端午S（3歳オープンのダート1400m戦）から普通の馬券を買うことにした。このレースがこの日いちばん面白く、その直前の京都9Rの複勝馬券が当たっても、普通の馬券を買いたいなあと思っていた。オサムがおすすめの⑤イモータルスモークがとにかく魅力的だ。13番人気はおいしい。よほど、この馬の複勝に5000円入れようかとも思ったが、そしてその配当をフィエールマンの単に突っ込むのはどうかと、最後まで迷ったものの、単複作戦はもう終わり。あとは普通の馬券でよろしいと頭を切り換えた。同枠の⑥サトノラファール（3番人気）が堅そうなので、この⑤⑥2頭軸の3連複はどうか。3番人気と13番人気だから、2頭まとめてくれれば太い。いやあ、惜しかった。4コーナー後方から⑥サトノラファールが一気に全馬を差し切り、2着には先行した⑮メイショウテンスイ（6番人気）が残り、この2頭は確定だが、問題は3着争い。⑤イモータルスモークと⑩スリーグランド（12番人気）が、きわどく争ったのだ。ゴール直前、進路が狭くなった⑤イモータルスモークの騎手が立ち上がったように見えたが、審議にはならず。クビ差の4着。もしも⑤イモータルスモークが3着だったら、3連複は420倍。私、これを300円持っていた。配当総額は12万を超えるじゃないか。なんとかならないのか、と思った瞬間に、待ってくれ。1着⑥サトノラファール、2着⑮メイショウテンスイなら、枠連を買っていた！　⑤と⑥が同居した3枠から、枠連を数点買ったのである。枠連3－8は、4420円。馬連⑥⑮が3940円だったので、500円近くも枠連のほうがいい。おお、最後に押さえてよかった。

しかし、なんなんだよ、この⑩スリーグランドは。こんな12番人気の馬なんて買えないよな。このときはそう思ったが、実は買えたのである。それは最終レースが終わってから判明した。「いま、見たら京都10Rでワイドが2本、当たっていました」とアキラがメッセージを書き込んできたのだ。なによそれ。「この10番は今日の勝負馬だったので」「そういうことは最初に教えろよ」「教えましたよ」。えっ、ちょっと待ってくれ、もしかするとあの馬か。ああああああ、思い出した。その日の朝、調べたら8時53分に「京都10Rの10番は、前走すごい差しでした。これは狙いです」「とにかく前走を見てください」と書き込んでいる。すぐにオサムが「単勝万馬券だったやつですよね。グリーンチャンネルで見てました。終わってから気がついたんですが、シニスターミニスターの短縮やん。でも今回は延長なので消しました」と書き込んできたが、そのレースに記憶がないのは土曜のレースだったので私は見ていないのである。「休み明けから10キロ増えて2連勝。本格化したのだと思いますす」とアキラ。おいおい、ここまで言われたら普通は押さえるだろ。どうして忘れたのか。ましてて本人のアキラがどうしていまごろ気がつくのか。「いやあ、馬を見間違えていました」。31倍と56倍のワイドが2本当たったとはすごい。「だったらゴール前で叫びたかったなあ」とアキラ。まあまあ、当たったからいいじゃないか。先行馬でただ1頭だけ残った⑮メイショウテンスイは強い、と頭の中にメモしていたのだが、この⑩スリーグランドも次に短縮で出てきたときに買い、とメモしておこう。

ブリンカー着用馬が1〜3着独占で337万

土日で2鞍、単勝か複勝を5000円だけ買うという作戦は、2週ともに不発。もともと2週限定の馬券作戦であるから、一度も当たらないのかよ、と後ろ髪引かれる思いではあるものの、とりあえずは終了。しかし、その代わりに何をするのか新しい作戦があるわけでもなく、困ったなあと土曜日を迎えたのである。で、朝からテレビを見ていたら、京都1Rの⑥ブライティアルアーの複をふらふらと1000円購入してしまった。複勝作戦が2週連続で一度も当たらなかったことがやはり引っ掛かっているのだ。5000円だと構えてしまうが、1000円で気安く買うのはどうか。オレだって、そんなに馬券が下手なわけではない。この馬が4番人気で4着に負けると、東京4Rの⑤アルファジップに1000円。これは5番人気で5着。京都5Rで④オウケンロジータを買うと、5番人気で5着。1000円ずつの出費だからたいしたことはないのだが、東京5Rの⑱プチジュラシック（10番人気）が17着（ブービーだ！）に負けるのを見て、ようやく目がさめた。やっぱり私、馬券が下手だ。

　その土曜はさんざんな目にあったが、翌日の日曜も朝からいってしまうのである。東京1R（3歳未勝利のダート1400m戦）で、⑬セキトバが気になったのだ。新馬戦を9着に負けて、2カ月半ぶりの2戦目だが、マイナス18キロ。明らかに馬体が絞れてよくなっている。レーン騎乗のダントツ人気、⑨ディアコニアで堅い鞍なので、10番人気の⑬からそのダントツ人気馬への馬連とワイドをこっそり買ってみた。レーンは勝ったものの、⑬はいいところがなく、12着。これでは土曜の二の舞だな、と思って、競馬エイトの下の欄の「きょうのあなた」を見ると、私の生月は「序盤でつまずくと尾を引く」とあった。おお、もうつまずいちゃったぜ。オサムと私は同じ月の生まれなので、彼にも教えてあげようとラインすると、「新潟1Rでさっそくつまずいています」とオサム。もう買ってたのかよ。

　結局、昔のようにだらだらと馬券を買って、どんどんマイナスが積み上がっていく。メインのNHKマイルCで4200円の馬連を仕留めたのだけが救い。土日で当たったのはなんとこれだけ。これでは、たくさん買いすぎたこともあり、プラスには全然ならない。いちばん困るのは、新しい馬券作戦が浮かばないまま、このままずるずると土俵を割っていきそうであることだ。なんとか踏ん張るためにも、新しい作戦が必要だ。日曜の競馬が終わってから、録画していた「日本漫遊ウインズの旅」とか「競馬場の達人」を見ていたら、その中に、ガリットチュウの福島善成がゲストの回があった。その福島善成の買い方が気にいってしまった。軸馬から馬連3点、その軸馬を1着に置いた3連単フォーメーション、という買い方がこのゲストの基本なのである。3連単フォーメーションは、2着欄に、ABCDの4頭、3着欄はその4頭に、EFの2頭。これで20点。だから、馬連3000円と3連単2000円で、合計が5000円。いいじゃん、これ。NHKマイルCも結局当てたのは馬連だけだったから、新馬券作戦は馬連を主体にしたかったのだが、それだけではなんだか物足りない。その点、3連単も同時に買って、総額が5000円で収まるなら十分だ。ダービーまでの4週はこれでいく。だめだったら、また考えよう。

そうか。忘れないうちに二つ、書いておく。まず一つは、3回京都6日目の9R、上賀茂S(4歳以上3勝クラスのダート1800m戦)で6着に入った⑬ナンヨーイザヨイに注目ということ。16頭立て16番人気の馬だったが、パドックの気配が超素軽く、本当はそんな超人気薄の馬を買ってはいけないのだが(とはいっても、単勝は80倍弱。大混戦レースであった)、我慢できずに複勝を買ってしまった。たぶんどこにもこないだろうと思っていたら、4コーナー最後方からなんと35秒7(ダート戦だよ)のメンバー中上がり1位の脚で6着まで差してきたのである。いやあ、惚れ惚れとする脚であった。今回の激走で、次走は少し人気になるかもしれないが、まだ大丈夫だろう。心配は私が忘れてしまいそうなこと。次に出てきたら、誰か教えてほしい。もう一つは、この日の京都最終レース。4歳以上2勝クラスのダート1900m戦だが、13番人気の⑭インターセクションが勝って、12番人気の⑬トモノコテツが2着、そして8番人気の⑦ホウオウライジンが3着の3連単が、どかーんと337万。するとアキラが「この1～3着、全部ブリンカー着用馬です！」と書き込んできた。「いま気がつきました！」。ちょっと待ってくれ、4着の⑫スピンドクターもブリンカー着用馬じゃないか。なんとなんと、このレースにはブリンカー着用馬が4頭しかいなかったのに、1～4着を独占したのである。まあ、こういうことに気がつくと、次からブリンカー着用馬を探して、そうすると今度はこないんだよな。わかっているんだコノヤロ。でも、頭の片隅には置いておきたい。

トロワゼトワルを買うべきであった

「今日は京都メインのベステンダンクだけです。前走休み明け2着でも相変わらず人気がない」と、土曜の朝、アキラからメールが入った。その日の京都メインは、都大路S。4歳以上オープンの芝1800m戦である。最初から買うつもりがなかったので、レース検討もしていなかったが、新聞を開いてみると前走のマイラーズCで、7番人気2着と激走している。そのときの1着馬は、インディチャンプだ。それなのに、今回も6番人気。待てよ、そのマイラーズCのときも、朝から「今日はベステンダンクだ」と言ってたなあ。この男、一度目をつけるとしばらく追いかけるのである。菅原明良の乗る馬も、サマーバード産駒も、ずっと追いかけている。

しかし、ベステンダンクを軸にしても、相手が全然わからないので、私はケン。この日は、新潟7Rから出動した。8番人気⑩ブーケオブジュエルに目をつけて、2番人気⑦アラゴネーゼへの馬連を1点だけ買ってみた。遊びである。すると、⑦アラゴネーゼは危なげなく勝ったものの、⑩ブーケオブジュエルは3着。５番人気の①メモリーコバルトが間に挟まるのである。悔しいのは、ワイド⑦⑩が、１７４０円もついたこと。そんなにツクのなら、馬連ではなく、ワイドにすればよかった。

京都メインで、ベステンダンクが勝ったのにメッセージが書き込まれなかったので、「きたよ、しかも頭」と書き込むと、「相手は?」とアキラ。「7番です」「もう1頭は?」「3着は8番です」「いま外にいるんですが、３連複を取ったはず」。おお、おめでとう。ところがすぐにラインが入った。「3連複は72倍。これなら馬連のほうがよかった」。馬連⑦⑫は、９７４０円なのである。当たったやつほど反省する，というのは「競馬あるある」だ。「もっと信じて3連単を買えばよかった」というのは、アキラの反省の弁である。ちなみに、３連単の配当は、７万３３９０円。これは1番人気が3着に負けたから、こんなにツクのであって、1番人気馬が2着に入ると配当は全然異なる。たとえば翌日の東京２Rだ。こちらは、7番人気→1番人気→6番人気の順で決まった。土曜京都のメインと、まったく同じ人気馬の組み合わせである。ところが日曜東京２Rの３連単は、３万４９２０円。いいですか、繰り返しますよ。6番人気→7番人気→1番人気で決まった土曜京都のメインが、７万３３９０円であったのに、半分にも満たないのだ。まったく同じ人気馬の組み合わせなのに、１番人気馬の上げ下げだけで、こんなにも変わってしまう。土曜京都のメ

2回東京8日　11R　ヴィクトリアマイル

着順	予想	枠番	馬番	馬名	性齢	斤量	騎手	タイム	着差	通過順	上り	人気	単勝オッズ	体重増減	厩舎
1	◎	❻	⑫	アーモンドアイ	牝5	55	ルメール	1.30.6		6 4 4	中**32.9**	①	1.4	486 0	北国枝栄
2	△	❽	⑱	サウンドキアラ	牝5	55	松山弘	1.31.3	4	5 3 3	中33.8	④	12.9	460+ 2	栗東安達昭
3	▲	❽	⑯	ノームコア	牝5	55	横山典	1.31.3	首	⑨ 7 6	中33.2	⑤	17.4	466-12	南萩原清
4		❼	⑬	トロワゼトワル	牝5	55	三浦皇	1.31.4	½	1 1 1	内34.7	⑫	123.8	466-16	栗東安田隆
5	△	❹	⑦	ダノンファンタジー	牝4	55	川田将	1.31.5	½	4 6 6	内33.5	⑥	18.4	466-20	栗東中内田充
6		❷	④	シゲルピンクダイヤ	牝4	55	和田竜	1.31.6	¾	6 8 8	中33.2	⑪	100.6	456- 2	栗東渡辺薫
7	◬	❶	①	ラヴズオンリーユー	牝4	55	Mデムー	1.31.8	1	8 8 8	内33.5	③	9.5	466- 6	栗東矢作芳
8	△	❸	⑤	プリモシーン	牝5	55	レーン	1.32.0	1¼	⑪ 8 11	中33.4	②	7.5	496- 4	北木村哲
9		❶	②	ビーチサンバ	牝4	55	福永祐	1.32.0	首	⑪ ⑬ 11	内33.4	⑨	38.1	468 0	栗東友道康
10		❷	③	シャドウディーヴァ	牝4	55	池添謙	1.32.2	1½	9 ⑫ 13	中33.4	⑩	86.0	472+ 8	南斎藤誠
11		❼	⑮	アルーシャ	牝5	55	北村宏	1.32.3	½	11 16 16	中33.2	⑮	288.4	442+ 4	北藤沢和
12		❸	⑥	トーセンブレス	牝5	55	柴田善	1.32.3	鼻	⑯ 16 16	内33.3	⑬	223.0	474+ 2	北加藤征
13		❻	⑪	サトノガーネット	牝5	55	吉田豊	1.32.4	首	15 14 14	中33.5	⑯	293.1	428-12	栗東矢作芳
14		❽	⑰	コントラチェック	牝4	55	武　豊	1.32.4	頭	3 2 2	内35.4	⑧	31.9	466- 6	北藤沢和
15	○	❼	⑭	スカーレットカラー	牝5	55	石橋脩	1.32.8	2½	11 8 8	中34.5	⑦	21.0	482- 8	栗東高橋亮
16		❺	⑩	メジェールスー	牝5	55	岡田祥	1.33.3	3	2 4 4	内35.6	⑭	280.0	474-10	栗東藤原英
		❹	⑧	ディメンシオン	牝6	55	松田大	（取消）		右前肢跛行					栗東藤原英
		❺	⑨	セラピア	牝4	55	田辺裕	（取消）		右前肢フレグモー					栗東藤岡健

単⑫140円　複⑫110円　⑱220円　⑯300円
馬連⑫―⑱750円③　枠連❻―❽390円①
馬単⑫―⑱950円③　３連複⑫⑯⑱2960円⑨
３連単⑫⑱⑯7340円⑮
ワイド⑫―⑱390円②　⑫―⑯530円⑥　⑯―⑱1530円⑰

インで「もっと信じればよかった」とアキラが嘆いたように、日曜東京2Rで、私もまた「もっと信じて1着固定の3連単を買えばよかった」と反省するのである。しかしもちろん、土曜京都メインも、日曜東京2Rも、軸馬が1着でくるなんて、滅多にないことだ。いつもそんなことをしていたら、外れてばかりで心が簡単に折れてしまうに違いない。「3連単は絞って買え、とよく言いますよね」「それが難しいんだよな」とオサムとメッセージのやりとりをしていたら、「今年は的中率が3%なので、3連単に関係なくココロが折れそうです」とアキラが書き込んできた。すごいな3%は。

しかし今週いちばんのショックは、日曜のヴィクトリアマイルだ。16頭立て12番人気の⑬トロワゼトワルを当初は狙っていたのだ。ここ2走は16着15着と大敗しているが、3走前の京成杯AHをレコードで逃げ切っている。いまの東京は先行馬が止まらない馬場なので、この馬の逃げ残りがいちばん面白い。競馬友達に週中送った予想でもそう書いた。勝つのはアーモンドアイで間違いないから、アーモンドアイ1着、トロワゼトワル3着の3連単フォーメーションを買いたい。前日まではそのつもりであった。ところが当日になって、もしトロワゼトワルが2着になったらどうするんだ、と考えた。このケースの配当は跳ね上がるだろうから、考えるだけでくらくらしてくる。本線は3着、押さえで2着と、金額を変えればいい。相手は先に行きそうな馬と上位人気馬を足して全部で10頭。本線を各３００円、押さえを各１００円。合計で５０００円。

それを結局やめてしまったのは、土壇場で金が惜しくなったからだ。そんなの、金をドブに捨てるだけだよな、と思ってしまったのである。だから、最後までドキドキ。トロワゼトワルは最後まで粘りまくったのである。アーモンドアイにはあっさり差されたが、これはもしかするともしかするかも。サウンドキアラに差されても、まだ3着だ。これではド本線が的中だ。やめてくれ、それだけはやめてくれ。思わず、テレビの前で立ち上がった。最後の最後に、ノームコアに差されて、結局トロワゼトワルは4着。どっと疲れが出た。

しかしいま、猛烈に反省している。あれは買うべきだったと。外れ馬券であるにもかかわらず、その馬券を買うべきであったと考えるのは初めてである！

オークス予想は完璧だったのに

3連単が当たったというのに、ゴールシーンを見ながら、呆然。ホントかよ、嘘だろ。しばらくしたら、ため息が出てきた。どうしてこんなことになってしまったのか。楽しかったこの1週間のことが、目まぐるしく脳裏を駆けめぐった。

オークスの話である。最初から説明しよう。実は、知人たちに週中、オークス予想を送ったのである。火曜日に第1回、水曜日に第2回、木曜日に第3回。なんと3日連載の大作である。競馬予想をときどき知人たちに送るのは、自分の考えを整理するためだ。なんとなく買うんじゃなくて、こういう考えのもとに買うのだ、と自分の考えをまとめたいのである。春秋のGIシーズンを迎えても1度も送らない年もあれば、毎週のように送る年もある。今春はオークスが初。火曜日の第1回のタイトルは「ダービー予想を今年は送らない理由について」。見出しを毎回付けるのは元編集者の癖というものだ。ちなみに、2回目のタイトルは「まず、強調したいこと」。3回目は「いよいよ結論である！」。その結論だけをここに書いておくと、本命は④デアリングタクト、対抗は⑯ウインマリリン、△は4頭。内から順に、⑤ホウオウピースフル、⑦ウインマイティー、⑧スマイルカナ、⑪リリーピュアハート。もちろん④デアリングタクトはダントツ人気だが、対抗の⑯ウインマリリンは7番人気。あとの4頭の人気は順に、10番人気、13番人気、9番人気、6番人気である。2番人気から5番人気までの4頭をばっさりと切っているのがミソ。その結果は、1着④デアリングタクト、2着⑯ウインマリリン、3着⑦ウインマイティー。つまり、大本線で的中である。馬連1800円、3連複1万5020円、3連単4万2410円なので、④デアリングタクトを1着に固定、⑯ウインマリリンを2着に固定し、3着を4頭流しにすれば、簡単に4万強の3連単がズバリ的中だ。1000円買っていれば(それでも合計がたったの4000円にすぎない)、配当が40万である。何百万円という大金を狙っている人からすれば、40万など屁のような金額にすぎないかもしれないが、私にとっては目もくらむような大金だ。木曜日の第3回目の結論の末尾は、「レースまであと2日、この予想を参考にゆっくりと考えよう！」というものだったが、ゆっくりとは考えず、土曜に素早く買ってしまえばよかった。

いや、その土曜も楽しかったのである。例によって朝からオサムとアキラと3人で、あでもないこうでもないとメッセージを送り合って、まるで一緒に競馬場に行ってるみたい。会話しながら馬券を買ってるようなものだから、とても無観客競馬とは思えない。土曜東京3R（3歳未勝利のダート2100m戦）で、4頭しかいなかった父エーピーインディ系が1～3着を独占し、3連単が7万6240円になると、「11番人気の⑮セイウンソルジャーを買ってない！　ばかばか」と私が嘆くと、他のレースでは、この日は新潟ダート戦を狙っていたアキラが「この2着と3着が入れ替わっていれば！」と嘆くのである。当たった報告は滅多になく、嘆きのメッセージが中心になるが、それでも会話していれば結構楽しい。

問題は、その土曜の東京芝コースで、差しがばんばん決まったことだ。私が週中に送ったオークス予想のキモは、いまの東京で差しがまったく決まらないことを前提にしていた。差してくるのは、④デアリングタクトだけ、というのが私の予想の骨子なのである。だから土曜の4時前に「なんだか差しが決まるなあ。明日のオークス、自信がなくなってきた」と書き込み、日曜の朝には「先行馬作戦に自信がなくなりました。一応、前発表の馬券は買いますが金額は控えめにしておきます」と完全撤退。せっかく限りなく正解に近づいたのに、どんどん引き返しちゃうのである。

このとき、あの皐月賞を思い出せばよかった。エポカドーロが勝った2018年の皐月賞だ。このとき予想通りに買っていれば、37万強の3連単を300円的中していた。つまり100万超えである。それを当日の昼に、予想を変更したためにゼロ。しかもこのときは、予想を変更したことを忘れ、ゴール前でガッツポーズまでしてしまった。それに比べれば今度は最大で40万だし、100円は押さえていたからゼロでもない。ショックはあのときほど大きくはない。しかし、なんだか馬券が外れたような気分であることに変わりはないのだ。

日曜の夕方、予想を送った知人の一人からメールがきた。「これで未納の保険料が払えます！　ありがとう」というのだが、その保険料が4万2000円。おお、ぴったりか。そのメールを見ていたら、固くなっていたこころがゆっくりとほぐれてきた。そうか、私は致命的に勝負弱いけれど、人の役に立ったのなら、それでいいか。それで十分か。そう自分に言い聞かせたのである。

パドック診断が爆発した日

最初は、東京6Rだった。4歳以上1勝クラスのダート1400m戦だが、パドック中継を見ていたら、⑪アイムソーグレイトの気配がいいのだ。サウスヴィグラス産駒の4歳馬だ。9番人気の馬である。田辺騎乗のダントツ人気馬⑤コマノゼニトが連を外しそうにないので、それでは馬連⑤⑪を1000円だけ買うというのはどうか。それをすぐに買わなかったのは、パドックでよく見えた馬が最近まったくこないからだ。以前はもう少しきていた記憶があるが、この半年は1頭もなし。だから、この日はたまたまよく見えただけで、私の気のせいということは十分にありうる。こんなのこないよな。この日は朝早く起きたこともあり、そのままテレビの前でうとうとしてしまった。次に目がさめると、東京6Rのゴール過ぎ。ちょうど⑤コマノゼニトがゴールを過ぎて流しているところだった。やっぱりこの馬が勝ったのか。それでは2着馬は？　えっ、嘘だろ。なんと2着馬は、パドックの気配が目立っていた⑪アイムソーグレイト！　その馬連は、3100円。おいおい、

1000円入れておけばそれだけで3万1000円ではないか。しかしこれだけのことなら、これまでにもなかったわけではない。それにたかだか3万だ。

次に、おやっと思ったのは京都8R。4歳以上2勝クラスの芝1400m戦だが、このパドックで⑦ヤマニンペダラーダの気配が素軽かった。しかしこのときも、気のせいだろと馬券を買う気は起きなかった。思いついたまま馬券を買っていたら、金がいくらあっても足りやしない。この日はダービーデーなので、オサムもアキラも朝からばんばん書き込むから、私も負けずに書き込んで、いやはや忙しいのだ。そういえば、昨年のダービーは、オサムが指定席に当たり、私も入れてもらった。そしてあの馬連を2人とも取ったのである。アキラはどこかでBBQをしていて、結果だけを知ってすぐにメッセージを送ってきた。彼はなんと3連単をゲット。私とオサムの馬連よりも全然いい。つまり昨年は3人ともにダービーを的中したのだ。楽しかったなあ。メッセージを書き込むのに忙しく、京都8Rを見ていなかったが、なんとなんと勝ったのは⑦ヤマニンペダラーダ。私がパドックで見つけた馬である。7番人気の単勝は、1420円。馬連は5350円だったが、2着の⑤セプタリアンは3番人気の馬だったので、今度は1点では取れない。5点流しをすればゲットできただろうが、パドックでよく見えただけでそこまで軸馬として信頼できたかどうか。しかし、東京6Rに京都8R、パドックで気配のよかった馬が2頭、しかも9番人気（2着）に7番人気（1着）という人気薄なのにきたのだ。

ずっと以前、パドック診断が当たった日のことを思い出す。当たらない日は朝からずっと当たらないが、当たる日は複数の馬が激走した。そうか、この日はパドック診断が超久しぶりに当たる日なのか。東京10Rむらさき賞のパドックで、11番人気⑤ゴールドスミスの気配が目についたとき、そう思ったが、問題はどんな馬券を買えばいいのか、それがわからないことだ。どうしてこのとき、同枠の⑥アストラサンタン（6番人気）との馬連を1000円買ったのか、あとで考えてもわからない。相手に困ったときは、同じ種牡馬の産駒を買え、というのは鉄則だが、それをうっかり忘れてしまったのである。⑤ゴールドスミスはステイゴールドの子。そしてこのレースにステイゴールド産駒がもう1頭。それが7番人気の⑭ウインガナドル。このとき鉄則に従っていれば、1着⑭ウインガナドル、2着⑤ゴールドスミスの馬連1万9100円が当たっていた。1000円買えば、19万だ。この2頭を軸にして3連複を総流ししておけば、3着が9番人気の③モンテグロッソだったので、簡単に9万9950円がゲットできていた。2頭を1〜2着に置いて、3連単の3着流しを買っていたら、46万の3連単を取るのも不可能ではなかったろう。それを根拠のない馬を相手に馬連を買うだけで、チャンスを逃すのである。

しかし話はまだ終わらない。ダービーのパドックで気配が目立った馬がいたのだ。それ

2回東京12日　11R　日本ダービー

着順	予想	枠番	馬番	馬名	性齢	斤量	騎手	タイム	着差	通過順	上り	人気	単勝オッズ	体重増減	厩舎
1	◎	❸	⑤	コントレイル	牡3	57	福永祐	2.24.1		3 5 4	内**34.0**	①	1.4	460-	2栗東矢作芳
2	○	❻	⑫	サリオス	牡3	57	レーン	2.24.6	3	10 10 11	外34.1	②	4.4	528-	8美北堀　宣
3	△	❸	⑥	ヴェルトライゼンデ	牡3	57	池添謙	2.24.9	1¾	5 7 7	中34.7	⑩	66.4	486	0栗東池江寿
4		❶	①	サトノインプレッサ	牡3	57	坂井瑠	2.24.9	頭	11 12 12	内34.3	⑨	63.4	482	0栗東矢作芳
5	△	❼	⑬	ディープボンド	牡3	57	和田竜	2.25.0	½	3 2 2	中35.1	⑧	61.6	484+	2栗東大久保龍
6		❻	⑪	ガロアクリーク	牡3	57	川田将	2.25.0	鼻	5 7 10	外34.6	⑦	51.6	498	0美北上原博
7		❹	⑦	ブラックホール	牡3	57	石川裕	2.25.0	鼻	14 16 16	中34.1	⑰	211.2	424-	8美南相沢郁
8	▲	❷	③	ワーケア	牡3	57	ルメール	2.25.1	¾	8 10 8	内34.8	③	12.8	490-	4美北手塚貴
9		❼	⑭	マイラプソディ	牡3	57	横山典	2.25.2	首	14 1 1	内35.4	⑪	87.7	500-	4栗東友道康
10		❹	⑧	ビターエンダー	牡3	57	津村明	2.25.2	頭	11 12 12	内34.6	⑬	91.2	464	0美南相沢郁
11	△	❼	⑮	サトノフラッグ	牡3	57	武　豊	2.25.3	½	14 12 12	中34.7	④	16.5	488	0美北国枝栄
12		❺	⑩	コルテジア	牡3	57	松山弘	2.25.4	¾	2 2 2	内35.5	⑭	131.5	458-	2栗東鈴木孝
13	▲	❺	⑨	ダーリントンホール	牡3	57	Mデムー	2.25.5	½	13 12 15	外34.7	⑤	30.3	520+	4美北木村哲
14		❽	⑰	ヴァルコス	牡3	57	三浦皇	2.25.5	頭	5 5 4	外35.5	⑥	46.4	498	0栗東友道康
15		❷	④	レクセランス	牡3	57	石橋脩	2.25.7	1¼	17 16 18	中34.6	⑱	213.5	480-	2栗東池添学
16		❽	⑯	マンオブスピリット	牡3	57	北村友	2.26.0	1¾	18 18 18	中34.9	⑯	179.7	492+	2栗東斉藤崇
17		❽	⑱	ウインカーネリアン	牡3	57	田辺裕	2.26.2	1¼	1 2 4	内36.1	⑮	141.0	490+	6美北鹿戸雄
18		❶	②	アルジャンナ	牡3	57	浜中俊	2.26.3	¾	8 9 8	内36.0	⑫	88.8	454-	2栗東池江寿

単⑤140円　複⑤110円　⑫140円　⑥520円
馬連⑤―⑫270円①　　枠連❸―❻240円①
馬単⑤―⑫350円①　3連複⑤⑥⑫2480円⑤
3連単⑤⑫⑥5140円⑨
ワイド⑤―⑫170円①　⑤―⑥790円⑧　⑥―⑫1830円㉒

が10番人気の⑥ヴェルトライゼンデ。1円も買う気のなかった馬だが、この日パドック診断で選んだ馬がことごとくきたのだ。この⑥ヴェルトライゼンデも絶対にくる。しかも今度は相手もはっきりしている。⑤コントレイルが負けるわけがない。ダービーの馬券はすでに昼に買っていたのだが、こんなのを見せられて我慢できるわけがない。馬連⑤⑥を4000円。くれば十万だ。これくらいで勘弁してあげよう。1着⑤コントレイル、2着⑥ヴェルトライゼンデを固定して、あとは3着流し。⑫サリオスに3000円（これは120倍強）、あとは③ワーケアから②アルジャンナまで8頭に各1000円。総額1万5000円の追加。さあ、どこからでもこい！　スタートを待っている間、私はとても幸せであった。

第二章　リハビリ馬連作戦の行方

馬連よりも馬単が安い！

あれからずっとダービーデーのことを考えている。超久々にパドック診断が当たった日で、東京6Rの⑪アイムソーグレイト、京都8Rの⑦ヤマニンペダラーダ、東京10Rの⑤ゴールドスミス、東京11Rの⑥ヴェルトライゼンデ。人気は順に、9番人気、7番人気、11番人気、10番人気である。パドックで選んだこの4頭が全部きたのだ。選んだ馬の中からこの4頭がきたのではない。この4頭しか選んでいないのである。それがことごとく馬券圏内にきたのだ。こんなことは、私の競馬人生で初めてである。奇跡の1日といっていい。それなのに私は1円も儲けていない。東京6Rと京都8Rは、馬券そのものを買ってないから当たるわけがないが、惜しいのが東京10R。もっとよく考えれば、たっぷりと勝つことができたのに、あとで猛省した。そして、あのダービーである。これもあとで反省した。奇跡の1日であるから、私のパドック診断は、生涯でいちばん素晴らしかった。しかし強い馬が2頭いれば、どんなにデキがよくても3着が精いっぱいなのである。そうか、そうだよなあ。妄想はぐるんぐるんとひろがり、パドック診断で選んだ4頭の複勝ころがしをしていたら、幾らになったんだろうと考えた。私が選んだ4頭の複勝は、620円、380円、670円、520円である。それを転がしていると、総額は80万を超える。その額をゲットするためには最後に⑥ヴェルトライゼンデの複に15万突っ込まなければならないが、現実的には⑥ヴェルトライゼンデの複よりも、⑤コントレイルは鉄板だからワイド⑤⑥のほうがいい。そのワイドは790円だったから、ここに15万入れていたら120万弱。まあ、すべて妄想のたぐいにすぎないが。

というわけで、安田記念の週を迎えたが、ダービーデーは奇跡の1日であるから、あのパドック診断が再現するわけがない。そうわかっているのだが、ちらりと期待するのもやむを得ない。土曜は6頭選んで2頭きたが（それが、東京3Rの⑨パイプラインと、阪神10R天満橋Sの⑬タガノプレトリアだ）、相手を間違えて馬券は取れず。特に、阪神10R天満橋Sが悔しかった。朝、オサムから「天満橋Sのサマーバード産駒が面白いんじゃないですか」とメッセージが入ったのである。「今日は狙い馬がいません。そのサマーバード産駒くらいかな」とアキラも書き込んできた。実はこのレースには、⑩メイショウテンスイが出ていたのだ。前走の端午Sで、先行馬が総崩れする中で1頭だけ残ったのがこの馬だ。今週から古馬との混合戦が始まり、⑩メイショウテンスイはただ1頭の3歳馬だが、前走の競馬が評価されて1番人気。サマーバード産駒の④ワンダーアマービレは朝は2番人気だったものの、最終的には5番人気。で、パドックで選んだのが8番人気の⑬タガノプレトリアであった。いいですか、繰り返しますよ。オサムとアキラがプッシュしたのが④ワンダーアマービレ、前走の競馬ぶりから外せないのが⑩メイショウテンスイ、そしてパドックで選んだのが⑬タガノプレトリア。天満橋Sはなんとこの3頭で決まったのである。1着が④ワンダーアマービレ、2着が⑬タガノプレトリア、3着が⑩メイショウテンスイ。馬連は8470円、3連単は6万4640円である。ワイドの⑩⑬でも940円。外しようのない馬券といっていい。選んだ3頭が仲良くきているのだから、3連単が当たらなくても、馬連。その馬連が当たらなくてもワイドくらいは当たるのが普通だろう。それなのにこのバカは、⑩メイショウテンスイを1着に固定した3連単しか買ってないので、スカ。ダービーデーで、人気薄4頭を選びながら、馬券が一つも当たらなかったことを思い出す。いちばん大事なことは、人気薄の馬を見つけることではなく、それを馬券に反映させることだ。それが私は、致命的に下手だ。

翌日の日曜は、メインまでにパドックで選んだのが6頭。それが7番人気が4頭に、8番人気と9番人気という人気薄だから、1週前の再現があれば大変な事態になっていたが、ことごとく掲示板を外す成績で、ただの1頭もこないのである。やはりあれは、奇跡

3回阪神2日　12R　3歳上1勝クラス

着順	予想	枠番	馬番	馬名	性齢	斤量	騎手	タイム	着差	通過順	上り	人気	単勝オッズ	体重増減	厩舎
1		❼	⑭	ミティル	牝3	52	武　豊	1.25.7		⑮ 11 7 外	37.0	⑤	12.3	508+6	栗東野中賢
2		❸	⑥	モルトグランデ	牡4	57	藤岡康	1.25.7	首	⑯ 14 11 外	36.8	⑬	148.7	512+4	栗東庄野靖
3	△	❺	⑩	セカンドエフォート	牡7	57	川又賢	1.25.8	½	12 12 11 中	37.0	⑦	12.6	516+4	栗東村山明
4	◎	❻	⑫	オヌシナニモノ	牡3	54	吉田隼	1.25.9	¾	2 2 2 中	38.5	①	3.0	448−12	栗東高橋忠
5		❹	⑧	スリーヘリオス	騸5	57	国分恭	1.26.1	1	13 16 16 外	**36.7**	⑯	251.3	484 0	栗東村山明
6		❽	⑮	エアハンコック	牝5	55	西村淳	1.26.2	¾	4 3 3 中	38.5	⑫	101.6	462+6	栗東笹田和
7		❼	⑬	ロードラナキラ	牡5	57	川須栄	1.26.3	¾	7 5 5 中	38.4	⑩	38.6	460+2	栗東高野友
8	▲	❽	⑯	タガノハイライト	牝3	51	団野大	1.26.5	1	1 1 1 内	39.2	②	5.4	508−2	栗東斉藤崇
9	▲	❸	⑤	トレーンベアラー	牝3	52	浜中俊	1.26.5	頭	10 9 7 中	38.0	③	5.8	448+14	栗東石坂正
10		❻	⑪	イーベンホルツ	牡3	54	坂井瑠	1.26.5	頭	5 5 5 内	38.6	④	8.1	486+2	栗東村山明
11	△	❶	②	アメリカンベイビー	牡3	54	和田竜	1.26.5	鼻	⑬ 14 15 外	37.4	⑪	44.9	486+4	栗東庄野靖
12	△	❶	①	ニホンピロスクーロ	牡3	54	小牧太	1.26.9	2	5 7 10 内	38.6	⑥	12.3	482+14	栗東服部利
13		❺	⑨	リンダリンダリンダ	牝3	52	小崎綾	1.27.0	¾	8 7 7 中	38.7	⑮	234.2	442+17	栗東小崎憲
14	△	❷	③	リノ	牝3	51	斎藤新	1.27.4	2½	10 12 14 中	38.7	⑨	16.5	444 0	栗東寺島良
15		❹	⑦	アイメイドイット	牝4	55	国分優	1.28.2	5	3 3 4 内	40.6	⑭	177.7	430+8	栗東飯田雄
16	○	❷	④	タイガーインディ	牡3	54	幸　英	1.28.7	3	8 9 11 中	40.1	⑧	15.3	446−2	栗東大橋勇

単⑭1230円　複⑭530円　⑥3150円　⑩370円　　ブリンカー＝⑧
馬連⑥—⑭102800円㉛　　枠連❸—❼3810円⑰
馬単⑭—⑥66940円118　３連複⑥⑩⑭365300円361
３連単⑭⑥⑩2630700円2184
ワイド⑥—⑭28330円102　⑩—⑭3640円㊶　⑥—⑩14420円㊵

の1日であったということだろう。メインの安田記念のパドックで選んだのは5番人気の②ダノンキングリーで、こうなると自信もなくなってくるが、いきがかり上、買わざるをえない。やっぱりダメだったのは仕方ないが、パドックのデキは、と尋ねられたオサムに「2番！」と答えてしまったことが申し訳ない。

ところで、この日いちばん驚いたのは阪神最終レース（3歳以上1勝クラスのダート1400m戦）。1着が5番人気の⑭ミティル（鞍上は武豊）、2着が13番人気の⑥モルトグランデ、3着が7番人気の⑩セカンドエフォートで、3連単が263万と大荒れになったレースだが、馬連が10万2800円なのに、馬単が6万6940円。馬連よりも馬単が3万5000円も安いのである！

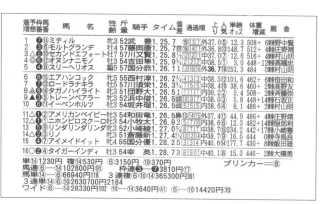

なんなのこの馬

先週の話の続きから始めたい。3回阪神2日目の最終レースの話である。3歳以上1勝クラスのダート1400m戦だが、1着が5番人気の⑭ミティル、2着が13番人気の⑥モルトグランデ、3着が7番人気の⑩セカンドエフォート。この組み合わせで、3連単がどかんと263万となったレースだが、問題は馬単である。馬連が10万だったのに、馬単が6万6940円しかつかなかったのだ。馬単が馬連よりも少ないというのも驚きだが、その差がなんと3万以上。前代未聞の出来事といっていい。こんなこと、あるんですか?
競馬を始めて40年以上になるが、私、初めてだ。

ではどうしてこんなことになったのか。それを考えてみた。実はこの日、東京では安田記念が行われた。1着の⑭ミティルの鞍上は武豊だが、この馬に乗っていたということは、関東に行かなかったということだ。これだけのジョッキーがGIレースに乗ってないということにまず驚くが、この日阪神で武豊は未勝利。人気馬にも乗っていたが、結果が出ていなかったとの事情がある。この先は推理の範疇になるが、武豊ほどのジョッキーがＧＩに騎乗せず、阪神に残ったのに未勝利なんて、そんなことは許されない、と思ったのではないか。ファン心理の話である。そういう人が仮にいたとする。こうなると、最終レースは何があっても武豊が勝たなければならない――そう決めちゃうのだ。だから単勝を買う手もあるが、5番人気の馬であるから、その単勝は１２３０円。そんなのを１０００円買ってもつまらない。だったら、ここは思い切って武豊の馬から、馬単の総流しを買うのはどうか。相手に人気薄が飛び込んでくれれば、大きく跳ねる可能性がある。そう考えた人が多かったのではないか。そう考えたのには理由がある。数年前に、同じようなことを私もしたからだ。今回と逆のケースだが、関東でＧＩがあった日に、阪神に遠征した戸崎が最終レースまで未勝利のことがあった。ここは意地でも最終レースに戸崎が勝つに違いない、と決め、戸崎の乗る馬から馬単の総流しをしたのである。すると本当に戸崎が勝って、２着に人気薄の馬が飛び込んで馬単が４００倍だったかなあ、とにかく穴馬券を取ったことがあった。そのときは馬連のオッズなど見なかった。最終レースは戸崎が勝つ、というシナリオが重要なのだ。２着では意味がない。だから迷うことなく、馬単の総流しである。今回の件も、同じようなファン心理がその背景にあるのではないか、馬連のオッズを見ずに、馬単の総流しをした人が多かったのではないか――というのが私の推理である。

と思って、他の馬との馬連と馬単を、念のために調べてみた。すると、おやおや。私の推理が正しいのなら、馬単の配当のほうがつかないというのは他にもあるはずなのに、それがないのだ。13番人気⑥モルトグランデ以外の馬は、すべて馬連のほうが、馬単よりも低オッズなのである。人気馬も人気薄も、すべてそうだ。たとえば1番人気⑫オヌシナニモノとは馬連31倍／馬単66倍で、2番人気⑯タガノハイライトとは馬連38倍／馬単48倍だ。12番人気⑮エアハンコックとは馬連521倍／馬単831倍で、14番人気の⑦アイメイドイットとは馬連1044倍／馬単1312倍。すべて馬連のほうが安い。馬単のほうが安いというのは、なんと⑥モルトグランデのみだ。これでは私の推理が成り立たない。最終レースは5番人気の武豊の騎乗馬が勝つ、と決め、なおかつ、13番人気の⑥モルトグランデが2着と「激しく決めた」人が多くいないと、このオッズ分布は解けない。まったく不思議なことである。それにしても、この馬単を買った人はびっくりしただろうな、6万強の馬単を仕留めたわけだから、それは喜んだだろうが、馬連のほうが3万以上いいなんて、そんなバカなと絶句したに違いない。

しかし6万馬券が当たるなら、私、それだけで十分だ。もう全然当たらないのだ。惜しかったのは、日曜東京メインのエプソムC。大外から4番人気の⑯アンドラステが差してきたときは、「やった」と思った。1着が9番人気の⑥ダイワキャグニー、2着が5番人気の①ソーグリッタリング、3着が⑯アンドラステなら、私の3連複がヒットする。⑯アンドラステが1着なら28万の3連単が当たるから、こちらのほうが断然いいが、それはもう絶望的なので、こうなったら3連複でもいい。配当は途端に400倍に下がってしまうが、もうそれで十分である。あとで気がついたのだが、その3連複を500円持っていた。おお、それで十分じゃないか。ところが最内に1頭が残っていて、それが18頭立て18番人気の⑱トーラスジェミニ。なんなのこの馬。最低人気馬が3着に残ったために、3連複は74万弱。3連単は421万だ。2着から4着までが同タイムの大混戦のレースだったが、ほんのちょっとした差で天国と地獄がわかれるのである。私、すごく哀しい。

函館スプリントの哀しみ

前日予想を変えることはしゅっちゅうある。ようするに、自分の予想に自信がないから、ちょっとしたことで変えてしまうのである。だから、私にとってそれは珍しいことではない。予想を変えても変えなくても、どちらでも外れていた、ということが圧倒的に多いから、たいした問題でもないし。ところがほんの時たま、予想を変えなければ当たっていた、ということがある。1カ月ほど前にも書いたことだが、近年もっとも盛大に外したのは2018年の皐月賞である。前日予想通りに買っていれば、総額100万を超える配当だったが、当日の昼に変更してしまった。次は、今年のオークスだ。前日予想通りに買えば、40万を手にしたというのに、このバカはその本線馬券を100円しか買わず、手にしたのは4万。そして今回が3回目。いちばん金額は少ないのだが、いちばんのショック。なぜか、という話を書く。

まず土曜から始めなければならない。土曜函館6Rがシゲ坊の勝負レースだった。1週前からシゲ坊のメールが入っていて、それはとても力のこもったメールであった。彼のSランク予想は昨年の菊花賞の日以来である。あのときは外れたけど、過去に何度も馬券を取らせてもらったから、シゲ坊のSランク予想には絶大なる信頼がある。今度は当たるだろう、とその自信度Sランク予想に乗って、どかんどかんと入れたことはいいとする。それが外れたことも仕方のないことだ。問題は他にある。それが日曜の最終レースならよかったのだが、土曜の6Rというところに問題があった。まだレースがたくさん残っているのだ。お前はこの負けを許容するのか。取り戻したいとは思わないのか。誰かが耳元で囁くのである。お馴染みの悪魔の囁きだ。その囁きを聞くとどうなるか。どかんどかんと入れたくなるのだ。もちろん、すべて空振り。土曜が終わってみたら1日だけで全治1カ月。昔はこんなことをしょっちゅう繰り返していたが、そのバカが再発してしまった。で、土曜の夜に考えた。こんなに負けるのなら、勝負レースを決めて、そこに最初からどかんと入れるのはどうか。土曜は勝負レースを決めず（というか、函館6R以外に買いたいレースがなかった）、目の前のレースに次々にどかんと入れていったのである。そういうことはやめて、決めたレースに集中的に突っ込もう。土曜に全治1カ月の負債を背負うと、もう怖いものがない。

というわけで、日曜の勝負レースは函館スプリントS。本命は、10番人気の⑯ダイメイ

1回函館4日　11R　函館スプリントS

着順	予想	枠番	馬番	馬名	性齢	斤量	騎手	タイム	着差	通過順	上り	人気	単勝オッズ	体重増減	厩舎
1	◎	❸	⑥	ダイアトニック	牡5	58	武　豊	1.07.5		2 2 2	中33.9	①	2.5	474+2	栗東安田隆
2		❽	⑯	ダイメイフジ	牡6	56	菱田裕	1.07.8	2	1 1 1	内34.4	⑩	34.4	534+2	栗東森田直
3	▲	❺	⑩	ジョーマンデリン	牝4	54	岩田康	1.07.9	½	5 4 4	中34.0	③	7.5	482 0	栗東清水久
4	△	❺	⑨	フィアーノロマーノ	牡6	57	藤岡康	1.07.9	頭	8 7 7	中33.8	④	9.3	558+2	栗東高野友
5	△	❹	⑧	シヴァージ	牡5	56	藤岡佑	1.08.0	首	13 13 13	外**33.5**	⑥	10.8	498−2	栗東野中賢
6	○	❹	⑦	ライトオンキュー	牡5	56	古川吉	1.08.1	½	5 4 4	内34.3	②	5.1	512+4	栗東昆　貢
7	△	❷	③	エイティーンガール	牝4	54	坂井瑠	1.08.2	½	12 11 12	内33.8	⑤	10.2	448 0	栗東飯田祐
8		❸	⑤	ティーハーフ	牡10	57	国分優	1.08.2	鼻	13 14 13	中33.6	⑫	74.2	472 0	栗東西浦勝
9	△	❶	②	マリアズハート	牝4	54	大野拓	1.08.2	首	15 14 16	内33.6	⑦	17.4	492+4	函菊沢徳
10		❽	⑮	メイショウショウブ	牝4	54	池添謙	1.08.3	½	4 4 4	外34.4	⑨	24.3	492−4	栗東池添兼
11		❻	⑪	アリンナ	牝6	54	丹内祐	1.08.4	¾	10 11 11	中34.0	⑬	90.2	448+4	北上原博
12	△	❷	④	スイープセレリタス	牝4	54	丸山元	1.08.5	首	16 16 16	外33.8	⑧	23.0	510+8	北藤沢和
13		❻	⑫	グランドボヌール	牡6	56	城戸義	1.08.5	鼻	2 3 3	中34.8	⑪	40.7	488 0	栗東鈴木孝
14		❶	①	スリーケープマンボ	騙5	56	竹之下智	1.08.7	1¼	8 7 7	内34.6	⑮	185.0	484−8	栗東武　英
15		❼	⑬	リュウノユキナ	牡5	56	横山和	1.08.7	首	7 7 7	外34.6	⑭	140.9	496−6	函小野次
16		❼	⑭	ミキノドラマー	牡7	56	勝浦正	1.09.0	1¾	10 7 7	外34.9	⑯	402.8	496+2	北南田美

単⑥250円　複⑥140円　⑯590円　⑩230円　　ブリンカー＝⑧①⑬
馬連⑥―⑯5710円㉒　枠連❸―❽2050円⑧
馬単⑥―⑯8290円㉜　３連複⑥⑩⑯13200円㊶
３連単⑥⑯⑩64550円212
ワイド⑥―⑯1800円㉒　⑥―⑩580円④　⑩―⑯2980円㊱

フジだ。相手がわからず困っていたのだが、このレースだけに資金を集中させるのなら話は簡単だ。相手は8頭まで絞っていたので、その8頭をすべて買えばいいのだ。つまり、⑯ダイメイフジを1着に固定して、相手8頭を2～3着に置く3連単フォーメーションだ。念のために、⑯ダイメイフジの2着バージョンも追加。さらに3着のときのために、最後に3連複。だめ押しは、1番人気⑥ダイアトニック、2番人気⑦ライトオンキュー、4番人気⑨フィアーノロマーノへの馬連だ。⑯ダイメイフジの1着バージョンは各200円、2着バージョンは各300円、3連複は各200円、馬連は各1000円。総額は、3万6600円だ。GIでもないレースにこんな金額を入れるのは近年初だ。土曜に全治1カ月の重傷を負っていたので、やはりどうかしていたのかもしれない。その予想通りに買うと、1着⑥ダイアトニック、2着⑯ダイメイフジ、

3着⑩ジョーマンデリンの3連単は、6万4550円。3連複は、1万3200円。馬連は、5710円（これもショック。昼の段階では40倍だったのに！）。3連単300円、3連複200円、馬連1000円が当たったことになり、配当総額は28万弱。2018年の皐月賞の100万、今年のオークスの40万には及ばない金額だが、ショックは大きい。というのは、取り逃がした金額の多寡ではなく、その日に負けた金額では今回がいちばん大きかったからだ。土日で全治1・7カ月。日曜は函館メインだけでなく、結局は他のレースも買ってしまったのである。

　ではどうして予想を変えたのか。勝負レース以外にも馬券を買ってしまったとはいえ、日曜は土曜よりも全然レースを絞ったのである。すると、どうなるか。暇になるのだ。時間がたっぷりあるから、いろいろ余計なことを調べ始め、そうか、そういうこともあるのかと新たなことを発見し（そのときはそう思った）、なんと軸馬を変更してしまった。せめて昼の段階で馬券を買っておけばいいのに、パドックを見てからにしようと決めたのも間違いだった。まあ、時間があるからといって予想を変更してしまう私自身がいちばんいけないのだが。春競馬はあと1週、宝塚記念が残っているが、もう私、秋までお休みしたい。このままいくと私の人生はおしまいだ。宝塚記念はケン、夏競馬もすべてケンだ。みなさんはお元気で。

アキラの「秘密メモ」

もう競馬はやめよう、と思ったことは何度もある。あまりに当たらず、預金残高がどんどん減っていくのを見ると、耐えられなくなるのだ。実際に、それまでは毎週馬券を買っていたのに、あるときからぷっつりと競馬をやめた知人も少なくない。おそらく耐えられなくなったのだろう。競馬を勝ち続けたのにやめた人間はいない。みんな、負けて脱落していくのだ。だから、ずっと競馬をやっている人を尊敬する。そんなに勝っているとは思えないのに、毎週楽しげに馬券を買っている人がたまにいるが、小遣いの範囲で、しかもきちんとしたフォームでやっている人だ。そういう人に私もなりたい。小遣いの範囲を大幅に超えて、しかもフォームも安定していないのに、私がずっと競馬をやってきているのは、毎週土日しか開催していないというローテーションのためだ。日曜の夕方には深く傷ついて、もう本当に競馬はやめだ、と思ったのに、金曜の夕方になるころにはころっと忘れているのだ。あれだけこてんぱんにやられたというのに、また馬券を買いたくなっているのである。それに番組の構成もうまい。宝塚記念が終わり、夏競馬が始まるのなら、しばらく休養しようかと思っても、ラジオＮＩＫＫＥＩ賞、ＣＢＣ賞、七夕賞、プロキオンＳ、中京記念と、面白そうなレースが数珠つなぎになっているから、休んでいる暇がない。もっとつまらない番組を組んでくれ。それなら安心して休めるだろう。というわけでまた今週もテレビの前に座りつづけ、ばしばし馬券を買い、またまた土日で全治1カ月半。もうふらふらである。

しかし、そのふらふらの中で反省することもあって、もっと真面目に取り組まなくちゃダメだよなと感じ入った。たとえば、土曜東京9Ｒの清里特別（3歳以上2勝クラスのダート1400ｍ戦）だ。2番人気の⑦スリーグランドで堅いと、アキラが言うのである。前走はオープンの端午Ｓで3着だった馬だ。この馬にすべてを賭けるというから心配になった。すべてを賭けちゃダメだって。それはすごく危険なことだって。そこで、他の馬のほうがいいという理由を提示したくなった。⑫ムーランアンディゴ（4番人気）だ。前走の青竜Ｓ（オープン）で6着だった馬だ。前走が3着と6着では、前者のほうが人気になるのもやむを得ないが、しかし端午Ｓの勝ち馬サトノラファールと、青竜Ｓの勝ち馬デュードヴァンは次走のユニコーンＳで対決し、前者は5番人気で15着、後者は3番人気で2着。つまり、レースのレベルが青竜Ｓのほうが上なのではないか、との推理を披露した。それに同じ父エーピーインディ系なら、ここが距離短縮の⑫ムーランアンディゴのほうがいい。それが金曜日のことである。で、土曜日、その清里特別の前に、アキラの勝負レースがもう一つあり、それが東京6R。3歳未勝利のダート1400m戦だが、アキラの狙いは⑯シゲルハウメア（7番人気）。次は狙え、とメモにあるという。パドックで馬っ気を出していたのでこれはないな、と思ったら、なんと1着で驚いた。全然関係のない話だが、無観客競馬になってから、パドックで馬っ気を出していた馬が普通にくるケースが多いような気がする。無観客であることと何か関係があるのだろうか。もっともこのレース、パドックで馬っ気を出していた馬がもう1頭いて、その⑥エフティハヤテは15番人気で14着だから、馬っ気を出していたほうがいいとの話ではない。⑯シゲルハウメアの単勝は1610円。すごいじゃん、と思ったが、2着⑤ジオパークアポロ（8番人気）、3着②ハットルヴァン（6番人気）のどちらも買ってないので馬券は外れ。単勝を買えばよかったね。

というわけで、清里特別を迎えたのだが、「単勝、馬連、3連複、3連単で完勝したい」とアキラ。彼の自信の軸馬、⑦スリーグランドは私の単純な予想を笑うように2着（ちなみに私が推奨した⑫ムーランアンディゴは見せ場なく7着）。ところが、1着の②グレートウォリアーを1円も買ってないので馬券は外れ。3着の⑯ホッコーライデン（10番人気）は買っているのに、1番人気（しかも鞍上はレーン）を買ってないとは、いかにもアキラらしい。しかし彼のノート、恐るべし。人気薄も人気馬も、ともにくるところが素晴らしい。そのメモに記載された馬がこの日はもう1頭いて、それが函館最終、檜山特別（3歳以上2勝クラスのダート1700m戦）の⑬モンタナドライブ。アキラによると「ぼくのメモには、重で買え、と書いてあります」。この日の函館は雨が降って、ダートは不良。素晴らしいメモだ。よおし、とこの馬を軸に、どかんどかんと買うと（なんと10番人気の馬だから、くれば太い）、見せ場なく14着。たしかに素晴らしいメモであり、こまめに書き留めるアキラの努力にも敬服するが、しかし万能の秘密のノートは存在しないのである。しみじみと実感した日であった。

イギリス競馬は奥が深い

テレビをつけたら、エクリプスSのパドック中継をやっていた。そうか、ディアドラが出るんだっけ。海外競馬には興味はないし、馬券も買ってないのだが、寝るにはまだ時間が少し早いので、見ることにした。おやっと思ったのは、パドックの周りに人が多いこと。イギリスは観客を入れて競馬をやっているのか、と一瞬思ってしまったが、全部関係者であった。そのほぼ全員が、騎手を含めてマスクをしているのがいまの社会を映している。イギリスのサンダウン競馬場はなかなか立派な競馬場で、7頭の馬だけが走る姿はなんだか淋しい。ディアドラは5番ゼッケンで、7番ゲートで、帽子の色は赤っぽいから、なんだかよくわからない。5着は健闘だろう。驚いたのは、ぼーっとしていたら、前日に行われたイギリスダービーの様子が映ったことだ。人気薄のサーペンタインという馬が大逃げを打ち、そのまま逃げ切って大波瀾になったらしい。1着のサーペンタインが8番人気、2着のハリーファサットが13番人気、3着のアウラーンナヴィーアンが14番人気。3連単が5万5977倍という大波瀾だ。それにはことさら驚かないが、勝ったサーペンタインは未勝利戦を勝って連闘でダービーに出走したこと。鞍上のマクナマラ騎手はダービー初騎乗で初勝利どころか、今年の初勝利だったという。未勝利の騎手をダービーに乗せるのはすごい。ちなみに、このサーペンタイン、A・オブライエン厩舎の馬で、ガリレオ産駒と筋は通っている。驚いたことはまだある。3着のアウラーンナヴィーアンという馬もA・オブライエン厩舎の馬なのだが（ちなみに、この厩舎、今年のイギリス・ダービーに6頭も出走させていた）、その前走はなんと未勝利戦で4着だったというのだ。ということは、未勝利馬だ。イギリス・ダービーには未勝利馬も出走できるとはすごい。しかもそのアウラーンナヴィーアンが14番人気ということは、今年のイギリス・ダービーは16頭立てであったから、この馬よりも人気が下の馬が2頭もいたことになる。未勝利戦4着の馬よりも人気が下とはすごい。海外では未勝利戦のレベルが高いのか。

テレビの前でぼんやりしていたら、フランスのダービーとオークスの模様も映し出され、オークスでファンシーブルーという馬が勝ったのだが、なんとディープインパクト産駒であった。フランス・ダービーとオークスはシャンティイ競馬場で行われたが、地図を見ると4コーナーのところのすぐ近くに「シャンティイ城」があり、3コーナーのところに建つ建物には「大厩舎」と表記されていた。この「大厩舎」の位置から仕掛けてはいけないと言われているんだそうだ。フランスもイギリス同様に無観客で、ほぼ全員がマスク姿。こういう光景を見ると、そうか、世界で競馬は行われているんだなという実感がこみ上げてくる。

なかなか日本の競馬の話にならないのは、語るほどのことが何もないからである。日曜の午後、「7月はダメな気がしてきました」とアキラからメッセージが入ったが、自慢じゃないが私、その前からずっとダメなのである。「今年のデータを見ていたら、今年は中山で1レースも当たってなかった。ひどい」とアキラは嘆くのだが、彼の名誉のために書いておくと、狙いは結構鋭いのだ。たとえば日曜阪神の8R。3歳以上1勝クラスの芝1400m戦だが、1着が⑧アンジュミニョン（5番人気）、2着が⑰マテンロウディーバ（2番人気）、3着が⑮ヴィルトゥース（10番人気）というのが結果。馬連4500円、3連複3万7670円、3連単26万8810、というレースだが、1着馬を軸にしていたものの、2番人気馬を蹴飛ばしていたので私はスカ。同じようにアキラも外したのだが、彼のほうは結構惜しい。というのは、2着馬と3着馬の2頭軸で買っていたからだ。「軸馬2頭のワイドを買えばよかった」と嘆くのである。しかしよく10番人気の馬を軸の1頭にできるよな。ちなみにそのワイドは、3270円。おお、これで十分だ。「8番の馬を買うなら、事前に教えてください」とアキラは言うのだが、私にしてみれば、10番人気の馬を買うならその根拠を事前に教えてほしい。すると、アキラの手元のメモに⑮ヴィルトゥースの名前があったものの、理由がなにも書いてないので、どうしてその馬名を書いたのかわからなかったというのだ。次からはその理由もちゃんと書いておくようにね。しかし、このように惜しいのだから、いつかは報われるだろう。対して私は絶望的だ。浮上のチャンス、その予兆はまったくない。阪神のＣＢＣ賞で、先行しそうな馬６頭の３連複ボックスを買ったら、13番人気の③ラブカンプーが首尾よく逃げ切り、３番人気②レッドアンシエルが３着。ここまではよかったものの、２着に入ったのが11番人気の⑥アンヴァル。実際のレースでは先行したのだが、レース前には「先行馬」に分類していなかったので痛恨の外れ。24万馬券の３連複を掴み損ねるのである！

七夕賞のこと

4回阪神4日目の2R。3歳未勝利のダート1800m戦だが、⑫サトノマッスルが気になったので、複勝でも買おうかと思った。それとも、⑤バロンデッセのほうがいいかとの気持ちもあって迷い始める。前者はディープインパクト産駒、後者はキングカメハメハ産駒。12番人気と10番人気の馬だ。どうしてそんな人気薄の馬を買おうと思ったのかというと、暇だからである。この日は福島メインの七夕賞まで何も買わないと決めていたのだが、それならそれでテレビの前から離れればいいのに、テレビの前に陣取って、ずっとテレビをつけているのである。で、パドック中継を食い入るように見ているのだ。これではときどき馬券を買いたくなる。特に、後者は競馬エイト本紙の本命である。10番人気の馬に本紙担当者が本命を打つとは尋常ではない。すごく気になる。でも朝から馬券を買い始めると止まらなくなるよな、と断念。すると、エイト本紙の本命⑤バロンデッセが本当に2着したのだ。10番人気の馬なのに、本当にくるんだ。勝ったのは4番人気の⑧ストーク

4回阪神4日　2R　3歳未勝利

着順	予想	枠番	馬番	馬名	性齢	斤量	騎手	タイム	着差	通過順	上り	人気	単勝オッズ	体重増減	厩舎
1	△	❹	⑧	ストークダバノン	牡3	56	浜中俊	1.52.6		⑥ 1 1	中38.3	④	8.4	506+ 2	栗東松永幹
2	△	❸	⑤	バロンデッセ	牡3	56	和田竜	1.53.0	2½	6 5 4	中38.3	⑩	29.6	488+ 2	栗東松田国
3	△	❻	⑫	サトノマッスル	牡3	56	荻野極	1.53.0	頭	4 4 4	中38.3	⑫	45.4	454−10	栗東池江寿
4	△	❺	⑩	レッドシリウス	牡3	56	松若風	1.53.0	首	2 3 2	中38.5	⑨	22.9	530− 2	栗東千田輝
5	◎	❼	⑭	ケルントナー	牡3	56	藤井勘	1.53.6	3½	8 9 9	中38.1	⑥	13.8	492− 8	栗東野中賢
6	▲	❻	⑪	ワンダーアマルフィ	牡3	56	長岡禎	1.53.6	頭	⑭ 11 10	外**37.8**	③	6.9	488− 4	栗東石橋守
7	○	❶	②	テイエムゴールデン	牡3	55	岩田望	1.53.6	首	8 9 7	中38.3	①	3.0	468− 4	栗東五十嵐忠
8	▲	❽	⑯	アカボシ	牡3	56	武　豊	1.53.7	¾	8 7 6	中38.7	②	4.4	532−14	栗東武　幸
9		❷	③	アバディーン	牡3	56	松山弘	1.54.6	5	15 15 13	中38.5	⑪	44.2	490− 8	栗東大久保龍
10		❶	①	ワンダージェラート	牡3	56	藤懸貴	1.54.6	首	⑯ 16 16	外38.2	⑮	307.0	458−16	栗東渡辺薫
11		❷	④	ビップテッペン	牡3	56	川田将	1.54.7	首	4 7 7	内39.5	⑤	8.9	446− 6	栗東清水久
12		❺	⑨	スマートキャンディ	牝3	51	泉谷楓	1.55.0	2	13 11 10	中39.4	⑬	208.3	464+ 4	栗東音無秀
13		❽	⑮	ヘルデンラウフ	牡3	56	鮫島良	1.55.3	1½	11 11 10	中39.7	⑯	357.1	478+ 2	栗東安田翔
14		❼	⑬	レッドミダス	牡3	56	西村淳	1.55.3	頭	11 11 16	中39.5	⑧	21.6	500− 2	栗東須貝尚
15		❹	⑦	タガノトランキーロ	牡3	56	川須栄	1.57.1	大	2 2 2	内42.8	⑦	14.1	474+ 8	栗東石橋守
16		❸	⑥	ヘヴンプレミア	牡3	56	川又賢	1.58.3	7	1 5 16	内42.9	⑭	265.4	440− 4	栗東森田直

単⑧840円　複⑧410円　⑤880円　⑫1330円　　ブリンカー＝⑭
馬連⑤—⑧12550円㊲　枠連❸—❹6480円㉓
馬単⑧—⑤18500円㊻　３連複⑤⑧⑫244010円244
３連単⑧⑤⑫1081170円1259
ワイド⑤—⑧4520円㊸　⑧—⑫7860円㊾　⑤—⑫16670円㊿

ダバノンで、その馬連は１万２５５０円である。本紙の本命を信じて、ここから４～５点流せば、万馬券も軽くゲットできていただろう。しかも３着が、なんと⑫サトノマッスル。嘘だろっ！　私が迷った２頭が、10番人気と12番人気の馬が、ともにきたのだ。その複勝は、８８０円と１３３０円。この２頭のワイドは、１万６６７０円だ。もしも競馬場に行っているときなら、この２頭の複勝を各１０００円、ワイドを１０００円、２頭を軸にして３連複６頭流しを各３００円。合計４８００円である。それだけ買っても５０００円に満たないなら、競馬場にいるときはいつもハイになっているから買っていた可能性が高い。そうしていると、配当合計がなんと92万（３連複がなんと24万超えなのである！）。もちろんすべては絵に描いた餅にすぎないが、そうならなかったとは誰にも言えない。七夕賞の日なら毎年のように福島に行っているから、無観客でなければ行っていたかも。そうして、「今日の運試しだあ」と阪神2Rでお遊び馬券を買い、思わぬ配当にありついた可能性がある。ええと、昨年も七夕賞に行ったっけ？　わからなくなったのでアキラにメールすると「昨年福島に行ったのは開幕週です」とすぐに返事がきた。そうか、夏の福島には毎年行っているが、七夕賞ウィークとは限らないのか。一昨年は間違いなく七夕賞ウィークに行った。なぜなら七夕賞が第54回なので、馬連④⑤を買おうかと一瞬思ったのである。オッズを見たらその馬連が200倍を超えていて、こんなところで1000円捨てるのはやめようと思ったことを思い出す。もっとたくさん捨てているのだから、1000円くらい捨てろ。その年の七夕賞は本当に馬連④⑤で決まったのである。なんと、2万3250円。1000円入れていれば、23万だ。それを思い出したので今年は勝負馬券とは別に馬連⑤⑥を1000円だけ買ってみた。どこにもこなかったけど。

2012年も覚えている。「七夕賞だから、出目は7×7？」とシマノに尋ねると「それは素人だね、出目のプロはその先をいく」「先って？」「7×8だね」。何が先なのかわからないが、7×8は56だから、5678の3連複4頭ボックスを福島全レースで買うというのだ。それがメインの七夕賞で本当にきたから驚いた。⑥アスカクリチャン→⑤トーセンラー→⑦ミキノバンジョーで決まった年である。14番人気、1番人気、7番人気であるから、3連複は、6万7180円。そういう年もあったが、七夕賞の過去の結果一覧を見ても、あとは思い出せない。土曜の夜、店も決めずに福島の街に出たら大雨だったときがある。携帯がなかったら一緒に行った仲間とはぐれていただろう。あまりの大雨に何も見えないのだ。そうか，最初に福島競馬場に行ったのは、新しいスタンドができる前の年だ。20年以上前のことである。これは朝早く行かなければ指定席に入れないよな、そのためには外で長い時間待つわけだから携帯椅子を購入しようと土曜に街中で椅子を探したことを思い出す。携帯椅子など福島の街では売っていなかったので、デパートの園芸コーナーで盆栽などを置く木製の小さな台を購入。それを日曜の朝、椅子代わりにしたのだが、用が終われば必要なく、処分していこうと思ったら、一緒に行った一郎セーネンが「もったいないので、ぼく、持って帰っていいですか」と言ってきた。一郎セーネンはあの椅子、じゃないな台を、その後も使っただろうか。メインレースまで馬券を買わないと決めたのは、黙っているとメインまでに1万や2万、多いときには3万くらい使ってしまうからである。それを我慢して全部メインに（あるいはその日の勝負レースに）入れようと思ったのだ。この日は我慢できずに福島8Rに手を出してしまったが（もちろん外れ）、そして七夕賞もかすりもしなかったけれど、この方式はしばらく続けたい。

3連単のつもりで3連複を買っていた

オサムは毎週末、近所の農場に手伝いに行っている。オリーブ畑ということはずっと以前に聞いたことがあるが、具体的にそこでどのような農作業をしているのかは知らない。もちろん、アルバイトではなく、ボランティアだ。月~金は本業で忙しいのに、週末まで忙しくしているとは、ホントにエライ青年だ。馬券は朝のうちに買い、だいたいメイン直前に帰宅、というのが彼の週末のスケジュールである。先日は朝、写真が送られてきた。農場前の通りから撮ったものらしく、遙か遠くに海が見える。素晴らしい景観だ。オサムの知り合いである農場主は、海が見える場所を探してその土地を見つけたらしい。そうか、オサムも農作業に疲れたときなどに、ときどき顔を上げて遠くのこの海を見ているというわけか。ものすごく健康的な週末といっていい。もっとも1年中、その農場に通っているわけではない。無観客競馬になるまでは、1年に7~8回、時には10回程度、各地の競馬場に遠征していたから、そういうときは農場に行けないわけだ。そうか、繁忙期があるのかも。このところは毎週通っているから、その繁忙期なのかもしれない。

昨年のちょうどいまごろ、一緒に中京競馬場に行ったことを思い出す。本当はアキラが中京競馬場に行ったことがないというので、それではみんなで行こうと、たそがれのトシキ、還暦間近のメグを誘って遠征計画を立てた。ところが急遽仕事が入ってアキラが不参加になり、日曜だけでいいのならなんとか参加しますとオサムが参戦。土曜は3人、日曜4人という変則遠征になった。で、日曜のメイン、中京記念をオサムと私、二人で当てたのである。3番人気の⑤グルーヴィット、6番人気の⑥クリノガウディーの、3歳馬のワンツーで馬連2580円。私は、⑥クリノガウディーが頭なら3連単も的中なので、「差せ差せ差せ差せ」「モリモリモリモリ」と叫び通し。馬連で十分のオサムは「そのままそのまま」と横で連呼。⑥クリノガウディーはハナ差の2着で、3連単を取り逃がしたが、馬連はゲットしたからゲンのいい重賞ではある。折よく、今年は3歳馬は2頭しか出ていない。それが⑩プリンスリターンと、⑮ギルデッドミラー。それぞれの前走は、NHKマイルC15着と3着。15着は負けすぎだと思う人もいるかもしれないが、昨年の1～2着馬は、前走のNHKマイルCが10着と14着だったのだ。3着と15着なら、全然平気。もっともファンもそれは十分に知っているので、3歳馬同士の馬連⑩⑮は16倍しかない。まあ、こういう場合は馬連をやめて3連単にすればいいんだと、ばらばらばらばら。まさか、18頭立て18番人気（ビリ人気だ！）の⑭メイケイダイハードが勝とうとは、レース直前に聞いても信じられなかっただろう。2着が6番人気の⑬ラセット、3着が9番人気の⑱エントシャイデン。それで3連単は330万。実はこの日、直前の函館記念も大荒れだった。16頭立て15番人気（ブービー人気だ！）の⑭アドマイヤジャスタが勝って、2着が13番人気の⑥ドゥオーモ。3着が3番人気の②バイオスパーク（私はこの馬から入ったが、1～2着馬は1円も買っていない）。それで3連単は343万。日曜の2重賞が二つとも300万の大荒れとは珍しい。

その300万馬券に比べれば、せこい話で恐縮だが、私は福島7Rの3連複1万9250円をぎりぎりでゲット。ぎりぎりというのは、3着が9番人気②シゲルメイオウセイと、10番人気⑧ジャックオレンジの写真判定になり、もしも3着が前者なら私の馬券は紙屑、3着が後者のときだけ当たりという局面で、⑧ジャックオレンジがハナ差制したのである。おお、お前はエライ。もっとひやひやしたのが、福島9R信夫山特別（3歳以上2勝クラスの芝2600m戦）。信夫山は福島市の真ん中にある山で、ずいぶん前のことだが、その展望台に上ったことがある。福島競馬場が眼下に見える。いや、それだけの話なんですが、それはともかく1列目に置いたのが、1番人気④エフェクトオンと、7番人気⑪ミルトプレスト。2列目と3列目に置いたのが10番人気⑤ヒュミドールと、8番人気⑭ツクバソヴァール。そして3列目に足したのが、2～6番人気までの5頭。そのオッズを表示させてから100倍以下をカット。というつもりだったが、1列目候補の7番人気⑪ミルトプレストがパドックでよく見えず、2列目に格下げ。そして、ただ1頭の1列目、④エフェクトオンが2着だったのである。ひやひやしたのは、そのとき私、3連単を買ったつもりでいた。④エフェクトオンを1着に固定したと錯覚していたのだ。ああ、3連複にしておけばよかったと反省したが、調べてみたら3連単など買っておらず、最初から3連複であった。おいおい、そうなのかよ。おかげで1万9690円がヒット。300万に比べると屁のつっかいにもならないような金額だが、それでも私、嬉しいのである。

WIN5を3人で

それにしても、函館記念を15番人気が勝ち、中京記念を18番人気が勝ったというのに、まだ1票が残っていたのには驚いた。すごいな、その人。福島テレビOPを2番人気が勝ったとき、もしかしたらその人の総取り?と思ったものだが、結果はキャリーオーバー。その1票が何番の馬に投じられたものかを知りたい。福島テレビOPの発走前に教えてくれれば全力でこないように念力を送ったが（全国から念力が集中したに違いない）、福島テレビOPが終わってからでもいい。後学のために知りたい。全5レースの指名馬がわかれば、もっといい。8番人気が勝った最初の阪神10RオークランドRCTは、全部で何頭を指名していたのか。2番目の福島10R横手特別は、勝った3番人気馬の他にどんな馬を指名していたのか。その全貌が公開されれば、ああでもないこうでもないと、競馬仲間で盛り上がるだろう。そういうことがわからなくても盛り上がったのだ。

「じゃあ、共同馬券をやりませんか」とアキラが提案。私もオサムもすぐに賛同。

4億6000万のキャリーオーバーがあるなら、私たちのような連中が全国から集まるから金額は絶対に膨れ上がる。20億はいくと思っていたら、なんと30億超え。これで史上2位の売り上げとは知らなかった。史上1位は、2018年12月28日。ああ、そうだった。有馬記念の日がキャリーオーバーになったのだ。それで年内最終日が盛り上がった。あのときが35億弱で1位だって。そうなんですか。

最近は滅多にWIN5には手を出さないが、お祭りに参加すると思えばいい。いろいろ話し合った結論は、最後のアイビスサマーダッシュは1番人気が必至のライオンボスを1頭指名にする。残りの4レースは一人1頭の指名にすれば、総点数が81点。一人あたりの出資が2700円。これくらいならいいだろう。全レースを一人1頭の指名にすると243点で、一人8100円の負担になるから、これはちょっと無理。

というわけで、日曜昼を締め切りにしたら、札幌11R大雪ハンデで、アキラが⑩マンカストラップを指名してきた。14頭立て14番人気の馬である（⑬グトルフォスが除外されたので13頭立てになったが、⑩マンカストラップがビリ人気であることは不変）。昼の段階で、その単勝が45倍（最終的には73倍）だったから、大混戦のレースではあった。しかし、いくらなんでもこれはないだろ。共同馬券であるから、指名権はたしかにアキラにあり、それは尊重するけれど、第一に大きく狙う必要はないことだ。史上1位の売り上げだった

２０１８年12月28日の例でいうと、１番人気が４勝し、もう１鞍を勝ったのが２番人気。通常のときなら、こんながちがちの結果では配当金は間違いなく１万割れが必至。ところが結果は３万弱。プールされた金額がでかいと、配当にも妙味が出るということだ。２番人気がもう１勝すれば、配当金は７～８万になり、３番人気が１勝でもしようものなら20万を超えても不思議ではない。

どのみち、少ない点数で大穴を狙うのは無理なのだから、ここは人気馬シフトでいいのである。これが一つ。もう一つは、アキラが間違えて記入したのではないか、という疑いがあったこと。というのは、記入のときに他のところでもあやふやなところがあり、私が問い合わせて正しくしたという経緯があったのだ。だからこの大雪ハンデも間違えて記入した可能性が捨てきれない。そこで問い合わせたのだが、今度はどこかに出かけたのかまったく返事がない。あいつ、走りに行っちゃったのか。ＷＩＮ５の締め切りは午後２時半だが、２時までは待つけれど、そこまでに連絡がなければこの申告通りに購入すると通知。間違いかもしれないが、それは仕方がないのだ。そうか、書き忘れていたが私が代表して購入することになっていたのである。するとしばらくしてアキラから連絡がきた。間違いではないという。しかし「変えます。どっちみちこないと思うから」と変更。おいおい。結果的に当たったのは、いちばん最初の新潟９Ｒ糸魚川特別だけで、あとはすべて外れ。この

1回札幌5日　12R　3歳上1勝クラス

着順	予想	枠番	馬番	馬名	性齢	斤量	騎手	タイム	着差	通過順	上り	人気	単勝オッズ	体重増減	厩舎
1	◎	❹	④	フェルミスフィア	牝3	52	池添謙	1.28.2		6 6 2 外	35.6	①	1.7	428−8	北木村哲
2		❻	⑦	クリノイヴァンカ	牝4	55	石川裕	1.28.5	1¾	9 10 9 外	**35.1**	⑧	48.0	470−2	北天間昭
3	△	❻	⑥	マノアフォールズ	騸4	57	吉田隼	1.28.5	首	7 7 5 外	35.6	⑪	61.7	456−16	南斎藤誠
4	△	❸	③	ドゥシャンパーニュ	牝4	55	藤岡佑	1.28.6	½	4 4 2 中	36.2	⑤	15.6	434−2	栗寺島良
5	▲	❼	⑨	オルテール	牡3	52	藤岡康	1.29.0	2	10 9 8 外	35.7	②	3.7	504+2	北堀　宣
6	○	❼	⑧	エピックガール	牝4	54	団野大	1.29.2	1¼	2 2 1 中	37.3	③	7.8	438+2	北宮田敬
7		❽	⑩	カップッチョ	牡3	54	横山和	1.29.3	½	11 11 11 外	35.6	⑨	50.4	450 0	南大江原哲
8	◬	❶	①	トスアップ	牝4	55	水口優	1.29.4	¾	8 8 9 内	36.4	⑦	23.6	438+2	栗池江寿
9	△	❺	⑤	ディザイアソング	牝4	55	大野拓	1.29.8	2½	4 5 5 中	37.3	⑩	52.4	446+4	北金成貴
10	△	❷	②	エレナレジーナ	牝4	55	横山武	1.30.1	1¾	2 2 2 内	38.2	⑥	22.7	426 0	北加藤征
11		❽	⑪	フジマサディープ	牡4	57	丹内祐	1.32.1	大	1 1 5 内	40.5	④	13.5	490−6	北菊川正

単④170円　複④110円　⑦660円　⑥830円　　ブリンカー＝⑥
馬連④—⑦3180円⑧　　枠連❹—❻2270円⑧
馬単④—⑦3920円⑪　３連複④⑥⑦38130円78
３連単④⑦⑥106860円236
ワイド④—⑦1300円⑫　④—⑥2150円⑳　⑥—⑦9340円53

日の結果は81万。おお、ちょうど3人で割れたのに。

個人馬券でヒットしたのは、札幌最終レース。3歳以上1勝クラスの芝1500m戦だが、私の狙いは8番人気の⑦クリノイヴァンカ。まだ新潟最終が残っていたので、ダントツ人気の④フェルミスフィアとの馬連を買うだけでとどめたのが間違い。⑦クリノイヴァンカは終始後方で、よくもまあ2着に届いたよなあと嬉しかったが（馬連は3180円）、この2頭を軸にして3連複を総流しにしていると、たった9点で（11頭立てだったから）3万8130円を仕留められたのである。④フェルミスフィアを1着、⑦クリノイヴァンカを2着に固定し、3着を総流しにすれば9点で10万の3連単をゲットできていた。これはけっして絵に描いた餅ではない。少しだけ手を伸ばせば取れていたのだ！

泥沼が始まりそうな予感

ときどき、ふっと思い出す。日曜の朝、早く目がさめたので近くのコンビニに行って新聞とコーヒーを買い、ホテルに戻る途中、信号が変わるのを待っているときに見上げた空のことを。あれは昨年の札幌だ。北の国の朝は、夏でも涼しい。見上げた空も澄んでいた。あるいは、昼休みに競馬場を抜け出して、小倉駅近くのうどん屋に行ったとき、隣の客がうどんと一緒にぼた餅を食べていて、それがやけにおいしそうだったことを。あれは夏の小倉だ。アキラと一緒だった。もっとずっと前のことだが、阪神競馬場近くの店で競馬仲間と盛り上がっていたら、新幹線の最終に乗り遅れ、夜行寝台で帰京したことがある。この夜行寝台、いまもあるのかどうか知らないが、あんなに揺れるとは思わなかった。すごいんですね。

新潟も福島も中京も京都も、それぞれに思い出があって、時折、思い出す。2～3年前のことが、遙か昔、10年以上前のことのようにも思う。無観客競馬が続いてもう5カ月。

毎週テレビでレースを見て、馬券を買っていると忘れがちになるが、いまはもうどこへも行けないのだ。新潟の海老千両ちらしとか、京都のカルネとかを食べることはできないのだ。いや、食べるだけなら新幹線に乗って行けば可能だけれど、まさかそのためだけに新幹線に乗るわけにもいくまい。普段は馬券を買うのに忙しく、そんなことも忘れているが、何かあるとひょいと思い出すのである。

札幌でクイーンSが行われた日、競馬エイトの「きょうのあなた」によると2月生まれは「思い通りに進みやすい一日」。2月生まれのアキラに教えてあげると、新潟7R（3歳以上1勝クラスの芝1600m戦）で、1着⑩チビラーサン（9番人気）と、⑮プティシュシュ（3番人気）との馬連7750円とワイド2460円を仕留めるから、おお、この運勢欄、すごい。それにしても9番人気の⑩チビラーサンをどうして買えたのか。すると、パドックで気配がよかったからだというからショック。私もそのパドックをテレビで見ているのだ。アキラと同じ条件なのである。それなのに、私にはその⑩チビラーサン、どうということもなく、このレースのパドックでいちばん気配が目立ったのは、⑯コンフィテーロ（2番人気）。だからこの馬からいったのだが、まるでいいところがなく8着。しかしこんなことに挫けてはいられない。

この日の勝負は札幌12R札幌道新スポーツ賞。3歳以上2勝クラスの芝1500m戦だが、狙いは①スカルバン。新聞の馬柱からは消えているが、7走前、つまり昨年のこのレースで2着した馬である。札幌芝が〔1102〕、休み明けが〔2100〕、しかも競馬エイトの調教欄おすすめ3頭に入っている。ここで買わなくていつ買うのだ、という穴馬だ。土曜の夜の段階で10番人気（最終的には7番人気。ちなみに昨年も7番人気で2着している）。すると「買います！」とアキラがメッセージを送ってきた。さらに、このレースの⑪ベッラヴォルタが「次狙う」とアキラのメモに書いてあるという。こちらは最終的に10番人気。日曜の朝の段階で、この2頭の馬連は170倍（最終的には240倍）。「いやあ、楽しみですねえ」「もらったな」。こういうことを妄想しているときがいちばん楽しい。抜け目が怖いので、①スカルバンから馬連を7点。そのうちの5頭を2～3列目に置き、ほかに5頭を3列目、もちろん①が1列目の3連複。さらに①を1着、⑪を3着と、①を2着、⑪を3着の3連単を追加。中には100万馬券もあるから楽しい。できれば、この勝負レースを迎える前に、勝ちを確定しておきたいが、狙いは札幌新潟の両メイン。

惜しかったのが新潟の関越S。1番人気⑫ザダルと、2番人気③トリコロールブルーの2頭で堅そうに見えるレースだが（馬連は7・5倍）、資金に余裕があった昔なら、この1点にどかんと突っ込んでいただろう。しかし近年は資金に余裕がないので、こういう低配当馬券は買えないのである。そこでこの2頭が1、3着で、間の2着に人気薄が入るという馬券を買うことにした。このアイデアは大変よく、本当にその通りになったものの、間に入った⑭ウインガナドルが4番人気の馬で、おお、買ってない。もっと人気薄の馬でないとダメなのである。

というわけで、運命の札幌最終レースを迎えたが、その結果は書きたくない。私が推奨の①スカルバンと、アキラが推奨の⑪ベッラヴォルタがそれぞれ何着だったと思いますか。なんと、①スカルバンが14着（ビリだ！）、⑪ベッラヴォルタが13着（ブービーだ）。4コーナーでおおっ、と胸キュンしたり、ゴール直前で叫んだりしたならともかく、終始何の見せ場もなく、終わるのである。アキラの感想は「つまらん」。しかし君はまだ新潟7Rを取っているのだ。対して私はボウズ。ここから泥沼が始まりそうな、なんだか不吉な予感がする。

各地の競馬場で過ごした日々

当欄の1年分をまとめる「外れ馬券シリーズ」が今年も本になった。タイトルは『外れ馬券にさよならを』(ミデアム出版社)。本の売れないこの時代に、毎年出版していただいてホントに感謝している。来年もしもこの「外れ馬券シリーズ」を出していただけるのなら、団伊玖磨『パイプのけむり』(全27巻)に並ぶと教えられた。もちろん並ぶのは巻数だけで内容ではないのだが。自分で言うのも何なのだが、今回の帯コピー、すごく気にいっている。それは「反省するのは来週からでいい。ここで行かなくていつ行くのだ」というもので、これ、私の実感である。たとえば午前中のレースなどで、突如がんがん馬券を買ってしまうことがある。それが勝負レースならまだいい。たまたまパドックを見ていたら、ある馬がぴかぴかで、勝負レースでも何でもないのに、落ちている金を拾わないのは損だとがんがん買ってしまうのである。まだ昼前の3レースで、そんなときに思いつきでがんがん行ってはいけないのだが、そういうとき、「反省するのは来週からでいい!」と思うのである。

いま行かないのは損だ、と思ってしまうのである。本当は、反省するのは来週ではいけないんだけどね。

『外れ馬券にさよならを』は、そういう性格のおやじの、1年間の馬券奮闘記である。いま読み返すととても不思議だ。というのは、これは2019年の馬券奮闘記であるので、春、夏、秋と全国各地に遠征している。そのころは各地の競馬場に行くのは毎年のことなので、それが当たり前のことだったが、全然当たり前のことではなかった。だから、いま読むとすべてが遠い昔のことのように思えてくる。2月末から無観客になってもう5カ月。いまやすっかり慣れてしまっているので、遠征先の競馬場で叫んだこと、競馬場の帰りに府中の飲み屋で競馬仲間と楽しい酒を飲んだこと——それらの光景は、この星の出来事ではなく、異世界の出来事のように思えるのである。楽しかったなあ。いや、いまでもテレビでレースを見て、馬券を買うのは楽しいんですよ。もしも競馬が開催されてないとしたら、無味乾燥の土日を過ごさなくてはならないので、まったく人生、つまらない。開催してくれるだけでホントにありがたい。そうは思うのだが、しかし競馬仲間と、地元の、そして各地の競馬場で過ごした日々はいとしい。1日も早く、あの日々が戻ることを祈るのみである。

今週のヒットは、日曜新潟12R。3歳以上1勝クラスの芝1400m戦だが、シゲ坊が日曜の勝負レースに指定してきた。その本命が②オルトルート。なんと13番人気の馬である。その理由は「近走は展開や馬場、ダートで馬柱を汚しているが、昨年秋の東京戦だけ走れば十分足りる。鞍上に戸崎を迎えてインにこだわるレースをすれば面白い」というものので、ここまでの人気薄を軸馬に指名するのはきわめて珍しい。しかし、競馬新聞に載っている調教師のコメントを読むと、「新潟のこの距離は合っているし、理想の良馬場なら立ち回りひとつ」とある。新潟は前日から雨が降り、この日も降りやまず、芝は不良である。おいおい、大丈夫なのか。前日の土曜は、アキラが札幌最終の馬連4440円を取り、オサムが新潟最終の3連複3万1680円を取り、私だけが負け。この日もいいところがなく、勝負の札幌最終で本命の⑧イリスファルコン（5番人気）は2着にきたものの、3着同着の2頭がともに抜け。1番人気の1着、⑨エイカイマドンナとの馬連が1640円もつくのなら、馬連にすればよかった。まあ、あとから思うことではあるんだけど。

だから、新潟最終を迎えたときは、半分自棄になっていたことを告白する。13番人気の穴なんて簡単にくるものでないが、他にもう買う馬がいない。②オルトルートを軸に、3連複を買うことにした。目いっぱい点数をひろげ、そこから200倍以下をカット。あまりに点数が多くなった場合は、カットする目の下限を上げていくから、ときには250倍以下をカットということもある。このときは分岐点を200倍にした。結果的には、藤田菜七子の⑧アルピニズム（5番人気）が逃げ切ったレースであった。3コーナーで2番手の⑫ノルカソルカ（1番人気）がそのまま2着だったから、ようするに行ったまま。②オルトルートは中団のインでじっと我慢し、4コーナーを回るときには6番手まで押し上げてきていたが、最後のコーナーを回ってからは馬場の真ん中に出し、差してきた。前の2頭が人気上位馬なので、たとえ②オルトルートが3着に差しても、叫ぶほどの配当ではない。2着馬を差し切るのではないかというくらい②オルトルートの差し脚は素晴らしかった。確定前にグリーンチャンネルが最終オッズを表示したら215倍。おお、意外につく。しかし、私が購入したときに200倍以下だったらアウトだよな。幸いにも買っていたのでセーフ。できれば、400～500倍の3連複を取りたかったが、それは贅沢か。

関屋記念は逃げ馬を買え

日曜の朝、オサムから写真が送られてきた。夜明け前の写真である。農場から撮ったものだが、明け方直前の荘厳な感じが伝わってくる写真だ。前日は9時まで働いて暑かったので、この日は午前5時に到着し、7時過ぎに切り上げたという。この暑さだから、炎天下で作業するのは、たしかに危険だ。今日は1Rからやります、とオサムは宣言。おお、気合が入っているなあ。それでは私も朝からやろう。とはいっても私、前日も朝からやったのである。それをずっと後悔していた。3回新潟初日の1R。2歳未勝利の芝1800m戦だが、③サンズオブタイムの複勝をこっそり買ったのである。朝から飛ばしちゃうと、こないときに大変だからと、馬連と3連複の追加を迷った末にやめてしまった。つまり、買ったのは複勝だけ。これが痛恨。というのは9番人気のその馬が2着に激走したからだ。勝ったのは2番人気の⑦スペシャルドラマで、馬連が7150円。ホントかよ。馬連を買っていれば、3点で取れていた。3着は、4番人気の⑨ファビュラスノヴァだったから、

1万1030円の3連複も楽勝でゲットできていただろう。それなのに、このバカが仕留めたのは複勝だけなのである。競馬はホントに難しい。朝からどかんどかんと飛ばしちゃうと、どんどんマイナスが膨れ上がるし（たくさん買うと、たくさん負ける——というのは競馬の真実だ）、しかし慎重になりすぎるとこのように儲けのチャンスを逸するのだ。

2Rが終わった段階で「今日はあと新潟と札幌の最終までお休みです」とアキラが書き込んできたが、その後もときどき「札幌で新人の秋山が3勝！」とか書き込んできたので、出かけたわけではないらしい。私とオサムはそのまま続行したが、いいところがなく、「半日待つのは長かった」と最終で復帰したアキラを含めて結局はみんなでスカ。「返還があっただけでボウズです」というオサムに、「返還でもうらやましい」とアキラ。おいおい。その土曜日は、新潟1Rの③サンズオブタイムの複勝530円（1000円購入なので、5300円）を転がすチャンスを何度か失い、とうとう最後まで入れられなかった。まあ、その日のうちに転がさなければならないという決まりはないので、日曜に転がすつもりであったが、そんなことを言っていられないほど日曜は朝から負けちゃったのである。まあ、それはいい。問題は日曜新潟メインの関屋記念である。

3年前のこのレースを7番人気のマルターズアポジーが逃げ切ったときから、関屋記念は逃げ馬だ、と決めていた。新潟の外回りの直線はきわめて長いから、逃げ切るのは至難

2回新潟2日　11R　関屋記念

着順	予想	枠番	馬番	馬名	性齢	斤量	騎手	タイム	着差	通過順	上り	人気	単勝オッズ	体重増減	厩舎
1	△	❽	⑰	サトノアーサー	牡6	56	戸崎圭	1.33.1		⑱-17-18	中33.7	④	7.5	484+2	栗池江寿
2	▲	❽	⑱	トロワゼトワル	牝5	54	三浦皇	1.33.3	1¼	1-1-1	内35.5	⑧	17.0	464-8	栗安田隆
3	○	❷	③	アンドラステ	牝4	54	岩田望	1.33.5	1¼	8-8-8	内34.7	①	4.1	468+2	栗中内田充
4		❹	⑧	ミッキーブリランテ	牡4	56	岩田康	1.33.5	首	13-14-14	内34.2	⑨	19.8	482+8	栗矢作芳
5		❺	⑩	ミラアイトーン	牡6	56	横山和	1.33.5	頭	2-2-2	中35.2	⑩	27.8	558+2	南菊沢徳
6		❻	⑫	エントシャイデン	牡5	56	川須栄	1.33.6	首	14-14-14	外34.4	⑥	10.4	480-2	栗矢作芳
7	△	❽	⑯	グルーヴィット	牡4	56	Mデムー	1.33.6	首	6-4-4	中35.1	③	5.5	498+10	栗松永幹
8		❷	④	メイショウグロッケ	牝6	54	柴田善	1.33.8	1¼	3-4-4	内35.3	⑪	40.0	462 0	栗荒川義
9	△	❸	⑥	アストラエンブレム	騸7	56	北村宏	1.33.9	½	8-8-10	中35.0	⑦	16.5	480+8	北小島茂
10		❼	⑭	プロディガルサン	牡7	56	丸山元	1.34.0	首	10-7-6	外35.5	⑬	55.5	510-2	北国枝栄
11		❹	⑦	ジャンダルム	牡5	57	藤井勘	1.34.2	1½	10-11-13	中35.1	⑭	66.4	498-10	栗池江寿
12		❸	⑤	メイケイダイハード	牡5	56	石橋脩	1.34.3	首	3-4-6	中35.7	⑫	48.5	532-6	栗中竹和
13		❼	⑮	ペプチドバンブー	牡5	56	津村明	1.34.5	1¼	15-16-16	外35.2	⑰	157.0	508+2	栗武　英
14		❺	⑨	ハーレムライン	牝5	54	木幡巧	1.34.6	¾	6-8-8	中35.7	⑯	128.4	480+6	北田中清
15	◎	❶	①	プリモシーン	牝5	56	福永祐	1.34.6	首	12-11-11	内35.5	②	5.5	506+10	北木村哲
16		❼	⑬	ドーヴァー	牡7	57	田辺裕	1.34.8	1¼	⑯-11-11	外35.8	⑮	98.5	506+4	北伊藤圭
17		❶	②	ブラックムーン	牡8	57	内田博	1.35.1	1¾	⑱-18-18	外35.7	⑱	169.2	510+10	栗西浦勝
18	△	❻	⑪	クリノガウディー	牡4	56	横山典	1.36.7	10	5-2-3	中38.3	⑤	9.3	492 0	栗藤沢則

単⑰750円　複⑰250円　⑱490円　③180円　　ブリンカー＝⑯⑭⑮
馬連⑰—⑱7230円㉙　　枠連❽—❽1040円④
馬単⑰—⑱12810円㊺　　３連複③⑰⑱11820円㉟
３連単⑰⑱③83420円290
ワイド⑰—⑱2350円㉜　③—⑰630円②　③—⑱1980円㉕

の業と思われるが、関屋記念に限ってはこの10年で3勝、3着1回。2番手が2勝、2着1回。3番手が1勝、2着3回、3着1回。徹底して前が有利なのだ。4コーナー10番手以下から差してきた馬が、10年間の1〜3着馬30頭のうち9頭いるが、先行馬はそれよりも多い13頭もいる。マルターズアポジーが勝つまでは、そんなこと言ったって、あの長い直線を逃げ切るのはなあ、と私も思っていたが、マルターズアポジーで目が覚めた。関屋記念は絶対に逃げ馬だ。2年前も逃げたエイシンティンクルが3着に残っているが、このときは馬券を当てたのかどうか。エイシンティンクルは3番人気の馬だったから、たとえ買っても妙味はなかったかも。しかし今年の逃げ馬、⑱トロワゼトワルは8番人気であるから、妙味がある。問題は、その買い方だが、ここは3連単だと最初から決めていた。⑱トロワゼトワルを1着、2着には③アンドラステ（1

番人気）、⑪クリノガウディー（5番人気）、⑭ブロディガルサン（13番人気）、⑰サトノアーサー（4番人気）。3着欄は、その4頭の他に、①ブリモシーン（2番人気）、④メイショウグロッケ（11番人気）、⑥アストラエンブレム（7番人気）、⑯グルーヴィット（3番人気）。これで28点。このとき、⑱トロワゼトワル2着のバージョンも買っておけば、3連単8万3420円がヒットしていた。ところが私、突然弱気になってその2着バージョンをやめて、次は3連複にしてしまった。これなら⑱トロワゼトワルが3着の場合でも大丈夫だ、と思ったのである。最後に馬連4点を追加。だから、⑰サトノアーサーに差されなければ、9万5000円の3連単が当たっていたのに、結局当たったのは100倍ちょっとの3連複と、70倍ちょっとの馬連だけ。まあ、丸外れではないからいいのだが、8番人気の穴馬を狙ったにしては見返りが少ない。なんだかなあ、と思うのである。これでは朝から飛ばしすぎちゃったのでマイナスを補填できない。それに、レースが終わってから思い出したのだが、⑱トロワゼトワルの複（490円）に、5300円を入れるのを忘れていた！

入れるならもうここしかない、と日曜の午後に決めていたのに、すっかり忘れていた。来週は忘れずに入れるように！

ミストシャワーの夏

新潟と小倉のパドック中継を見ていると、なんだか涼しい気分になる。パドックのまわりの植え込みのあちこちの隙間から、ミストシャワーが吹き出しているのだ。馬たちも涼しいだろうが、見ているだけでこちらまで涼しい気分になる。冷房をがんがんつけた部屋でテレビを見ているのだから、それだけで十分に涼しいのだが、気分まで涼しくなってくるから素晴らしい。そういえば、新潟駅前のバスターミナルの横を通りかかったら、上からミストシャワーが降り注いでいて、お、なんだこれ、涼しいじゃないか、と思ったことがある。あれは3年前か4年前だ。小倉では見たことがないが、小倉の街のどこかにもミストシャワーが吹き出している箇所があるんだろうか。調べてみたら、個人用にもミストシャワーの機器が販売しているんですね。庭仕事をするときなどは大変便利だ。いや、庭仕事なんてしたことはないんですが。ミストシャワー付きの日傘まであるというからびっくりである。というわけで、今週は土日ともに朝からテレビの前に座り、がんがん馬券を買ってしまった。冷房は効いているし、見た目にも涼しい気分なのに、夏はどこか投げやりになる危険な季節だ。大負けするのはだいたい夏なのである。たくさん買うとたくさん負ける——という諺の通り、この日もマイナスがどんどん膨れ上がり、そうなると気分も沈んでくる。

小倉7Rが終わると「3連単、取りました！」とアキラからメッセージが入る。なに、3連単だと！　このレースを勝ったのは1番人気の⑮スノーテーラー、2着が⑭シゲルフォボスで、馬連は710円というレースだったが、3着に12番人気の⑬メイショウホルスが突っ込んできたので3連複は115倍に跳ね上がり、3連単の配当は、3万3710円。私は人気2頭で堅いレースと思ったので、こんなレースはつまらないとケンしてしまったが、そうか、3連単で3着に薄めを狙う手はあったのか。どういう馬券を買うかというのはセンスの問題だが、私、そのセンスが決定的に欠けている。というのは、続く小倉8Rは⑩シホノレジーナ（2番人気で2着）を軸に3連単を買ったのだが（私の勝負レースだったのである）、1着の8番人気①ジョウショーリードは買っていたものの、3着の⑪ラボンダンス（11番人気）が抜け。3連単は12万弱だったが、「また取りました。今日はどうしちゃったのかなあ」とアキラ。なに、この3連単を取ったというのか。聞いてみると、今度仕留めたのは3910円の馬連だという。おお、馬連にしておけば私も取れていた。君はセン

2回札幌4日 11R 札幌記念

着順	予想	枠番	馬番	馬名	性齢	斤量	騎手	タイム	着差	通過順	上り	人気	単勝オッズ	体重増減	厩舎
1	△	❶	①	ノームコア	牝5	55	横山典	1.59.4		6 7 5 内	**34.5**	②	3.7	468+2	南 萩原清
2		❷	②	ペルシアンナイト	牡6	57	大野拓	1.59.6	1	9 9 7 中	**34.5**	⑥	20.6	500 0	栗 池江寿
3	◎	❺	⑥	ラッキーライラック	牝5	55	Mデムー	1.59.8	1½	2 2 2 中	35.5	①	1.9	524 0	栗 松永幹
4	△	❼	⑩	ポンデザール	牝5	55	ルメール	2.00.0	1¼	6 6 5 外	35.3	③	8.9	500+8	北 堀 宣
5	△	❼	⑨	イェッツト	牡5	57	横山武	2.00.0	首	12 12 11 内	**34.5**	⑩	33.0	482+4	北 金成貴
6	○	❸	③	トーセンスーリヤ	牡5	57	横山和	2.00.3	1¾	5 4 4 中	35.7	⑤	15.9	480-4	南 小野次
7	△	❻	⑧	カウディーリョ	牡4	57	藤岡佑	2.00.3	首	3 2 3 中	35.9	⑨	30.7	450 0	北 堀 宣
8		❽	⑫	トーラスジェミニ	牡4	57	木幡育	2.00.4	½	1 1 1 内	36.2	⑧	30.4	476-2	南 小桧山悟
9	▲	❻	⑦	ブラックホール	牡3	54	石川裕	2.00.4	頭	8 7 7 外	35.5	④	13.0	444+20	南 相沢郁
10	△	❽	⑪	アドマイヤジャスタ	牡4	57	吉田隼	2.00.6	1¼	10 9 10 外	35.4	⑦	20.6	508-2	栗 須貝尚
11		❹	④	ドレッドノータス	騸7	57	坂井瑠	2.00.7	¾	3 4 7 内	36.2	⑪	81.2	458-2	栗 矢作芳
12		❺	⑤	ルミナスウォリアー	牡9	57	川島信	2.01.4	4	12 12 12 内	36.0	⑫	186.4	476+2	栗 新谷功

単①370円 複①140円 ②280円 ⑥110円
馬連①—②2910円⑬ 枠連❶—❷3270円⑬
馬単①—②4700円⑰ ３連複①②⑥1390円④
３連単①②⑥10860円㉘
ワイド①—②710円⑨ ①—⑥180円① ②—⑥430円④

スがいい。

というわけで、土曜はさんざんの結果であったが、日曜になっても流れは変わらず、3場の10Rが終わったときに「もう競馬、やめたい」とアキラにメッセージを送った。アキラは心やさしい男だから「まだメインがありますよ」と慰めてくれたが、当たる気が全然しない。案の定、小倉の北九州記念も、新潟のNST賞も全然関係なく、ふーんと迎えた札幌記念。実はこのときまで、このGⅡで何を買うのかが決まっていなかった。いくら考えてもわからないのだ。ところがパドックを見た瞬間、すべての迷いが消えた。①ノームコアが超ぴかぴかなのだ。もちろん前日検討の段階でも有力馬の1頭だったが、人気馬を全部蹴飛ばして穴馬を買いたい気持ちもあり、決められずにいたのである。しかし、このデキなら①ノームコアの1着は確定だ。パドックで次に気配が目立っていたのは、②ペルシアンナイト。もう終わった馬だとばかり思っていたのだが、この日のデキは素晴らしく、２０００ｍの洋芝で一変する可能性はある。そうか、ハービンジャーどんぶりだ。①ノームコアとの馬連がその段階で25倍、よっぽど馬単（その段階で39倍、最終的にはなんと47倍！）にしようかとも思ったが、ぐっとこらえて馬連。その次に３連単を考えたが、１番人気の⑥ラッキーライラックを消す理由がないので、１着①ノームコア、２着⑥ラッキーライラック、３着②ペルシアンナイトの３連単（50倍強）を買ったあと、待てよと思った。私は馬連①②を買っているのだ。ということは、②ペルシアンナイトが⑥ラッキーライラックに先着することもあると考えていることになる。ならば、１着①ノームコア、２着②ペルシアンナイト、３着⑥ラッキーライラックの３連単も、買うべきではないか。オッズは１００倍強。ええーっ、⑥ラッキーライラックが３着に負けるなんてあるかなあ。自分で買っておいて、自分で驚いているのである。最後に、この３頭の３連複を押さえようかと一瞬考えたが（こうしておけば、⑥ラッキーライラックが２着のときでも大丈夫だ）、ええい、いいのだと迷いを振り切った。ようするに、馬連は①②の１点、３連単は２点。なんと３点買いである。自信があったというよりも、これ以上負けを増やしたくなかった、というのが本音。まさか本当にその通りの決着になるとは、まったく思ってもいなかった。

またワセダインブルーだ

まずは前回の話の続きから。札幌記念を当てたことは嬉しいが、本当に楽しかったのはおかげで3場すべての最終レースの馬券を買えたことだ。実は、その日の最終レースは買うつもりがなかった。魅力的な穴馬を見つけることができなかったからだ。この人気馬で堅い、という確信があれば、その馬を1着に固定して3連単を買う手もあるが、それもわからない。ようするに、まったくわからないレースばかりであった。最近では、そういうレースには手を出さないようにしている。終わってみると、新潟は、6番人気→1番人気→9番人気、小倉は、6番人気→2番人気→13番人気、札幌は、2番人気→4番人気→9番人気という決着で、それぞれの3連単の配当は、13万9190円、22万2480円、5万5780円だったから、その日の最終レースは「面白いレースばかり」だったことになる。しかしそれは、レースが終わってから思うことであり、レースの前にはそう思えなかった。ところが札幌記念を当て、その週の負けを全部取り戻して、少しだけ浮いたのである。だったら、その浮いた分を各場の最終に入れても許されるのではないか。これが「たくさん勝った」のなら、そういうことはしない。競馬は来週も来月もずっとあるのだから、いま使うことはない。しかし、ほんの少し浮いたのである。

この「ほんの少し」というのがミソ。ちょうど各場の最終レースを買うだけの金額だ。だったら、こういうときくらい、好きに馬券を買ってもいいのではないか。そこで急いで各場の最終レースを検討し、急いで買った。もちろん、馬券は一つも当たらなかったが、とっても楽しかった。そこで初めて気がついた。私が馬券を買うのは、もちろんずばり当てて、大儲けしたいとの気持ちがあるからだが、本当は馬券を買うこと自体が好きなのではないか。自信も確信もないくせに、勝手に理屈をつけて、オッズを調べ、これをこう買ってこうくれば、幾ら儲かる、とかなんとか妄想をひろげることが楽しいのではないか。昔はそんなことばかりしていたから、ホント、楽しかった。ところが最近は資金に乏しいのでそんなことはできず（そんなことをしていたら、金がいくらあっても足りないのだ）、いつも我慢している。ここぞ、というときしか出撃しないようにしている。だから久々に、意味のない馬券を買って楽しかったのだと思う。これからも、ほんの少し浮いたときにはこういうバカなことをしたい。そう強く思ったのである。まあ、滅多にはないと思うが。

もう一つは、先週も5300円の複勝ころがしの続きをやることを忘れてしまったこと。紙馬券のころは引き換え期限が60日だから、その間にやらなければ、というプレッ

2回札幌5日　11R　オホーツクS

着順	予想	枠番	馬番	馬名	性齢	斤量	騎手	タイム	着差	通過順	上り	人気	単勝オッズ	体重増減	厩舎
1	△	❸	⑥	ワセダインブルー	牡5	57	大野拓	2.01.5		⑪ 9 8	外35.8	⑧	25.1	450+2	北 金成貴
2	▲	❸	⑤	ドンアルゴス	牡5	57	川島信	2.01.5	首	10 9 4	外35.9	⑥	14.0	524+8	栗 庄野靖
3		❼	⑭	ハーメティキスト	牡4	57	池添謙	2.01.6	½	7 7 4	外36.1	⑤	11.0	456+4	北 木村哲
4	○	❽	⑯	レッドアステル	牝4	55	武　豊	2.01.7	½	7 7 8	中36.2	②	4.3	450+16	北 国枝栄
5		❺	⑩	ネイビーブルー	牡7	57	横山和	2.02.0	1¾	14 16 13	外35.8	⑯	125.6	512-14	南 戸田博
6		❷	③	ウィナーポイント	牝5	55	勝浦正	2.02.0	頭	16 13 13	中36.1	⑮	96.2	416-4	北 和田勇
7	◎	❹	⑧	レッドアルマーダ	騸4	57	ルメール	2.02.1	首	5 4 4	中36.8	①	3.2	544+18	北 藤沢和
8		❶	①	マスターコード	牡6	57	吉田隼	2.02.2	¾	⑭ 9 10	外36.5	⑩	33.3	468-2	栗 吉村圭
9	△	❽	⑮	レースガーデン	牝4	55	水口優	2.02.4	1¼	4 3 2	中37.3	⑨	27.8	466-2	栗 池江寿
10	△	❻	⑪	ヒシゲッコウ	牡4	57	藤岡佑	2.02.5	½	⑪ 15 10	外36.5	④	6.8	488-8	北 堀　宣
11		❷	④	ジョブックコメン	牝5	55	山田敬	2.02.7	¾	11 9 10	中37.1	⑭	83.8	440+10	南 小桧山悟
12	◬	❼	⑬	ルヴォルグ	牡4	57	柴山雄	2.03.0	1¾	5 4 4	中37.7	③	6.0	534-8	北 藤沢和
13	△	❺	⑨	レッドフィオナ	牝5	55	横山武	2.03.7	4	1 1 1	内38.7	⑦	19.4	474+8	栗 橋口慎
14		❹	⑦	シフルマン	牡4	57	石川裕	2.04.0	2	2 2 2	内39.0	⑪	37.0	520+12	栗 中尾秀
15		❶	②	ルタンデュボヌール	牡6	57	団野大	2.06.0	大	2 4 13	内40.7	⑫	62.2	488+10	栗 友道康
		❻	⑫	ハウエバー	牡6	57	古川吉	（中止）		7 13 16	内 —	⑬	78.3	430 0	北 和田郎

単⑥2510円　複⑥570円　⑤350円　⑭330円　　ブリンカー＝①⑪
馬連⑤―⑥7600円㉖　　枠連❸―❸7400円㉕
馬単⑥―⑤16980円㊻　３連複⑤⑥⑭24020円㊹
３連単⑥⑤⑭160100円476
ワイド⑤―⑥1680円⑳　⑥―⑭2220円㉖　⑤―⑭1910円㉔

シャーがあったが、ＰＡＴで買っているとその期限もないから、つい油断してしまうのである。いや、朝は覚えている。きょうこそやるぞと身構えている。しかし覚えているのは午後イチくらいまでで、メインのころになると、すっかり忘れているのだ。最後は、オサムが教えてくれたこと。彼がどこかのツイッターで見たらしいのだが、「24時間テレビ」が42年間で集めた寄附金の総額が、約３９７億円。対して、中央競馬会の２０１９年の国庫納付金が３２００億円。つまり、３４０年くらい愛が地球を救うと、競馬ファンが1年で国に納めた金額と同じになるという。いやはや、すごい。

というわけで、競馬レポートのスペースが少なくなってしまったが、今週は土曜札幌のメイン、オホーツクＳ（３歳以上３勝クラスの芝２０００ｍ戦）がヒット。しかし、嬉しいというより悔しさのほうが大きく、土曜の夜はなかなか寝つけなかった。というのは、8番人気の⑥ワセダインブルーがまさか頭まで突き抜けるとは思ってもいなかったからだ。それを信じなかった自分がいけないのだ。強気に3連単を買えば、16万の3連単が当たっていたというのに！　2勝クラスを9番人気で勝った3走前の奥の細道特別のときも、2着が1番人気の馬で、その馬連が6290円というおいしい配当だったのに馬連を買わず、3連単も相手を絞ったために12番人気の馬を拾えず、65万馬券が抜け。7番人気で勝った5走前も、相手を間違えて失敗。考えてみると、未勝利時代に、すごい脚で突っ込んでくるのを見てから、すっかりこの馬のファンになってしまったのだが、まともに取ったことがない。240倍の3連複と、76倍の馬連を仕留めておきながら、そんなことを言うと贅沢だと叱られそうだが、ホント、悔しいのだ。四半世紀前、年の初めに最下級条件にいた馬がその暮れの有馬記念に出るまで出世したケースがあったけれど、ワセダインブルーもそうならないか。オールカマーと福島記念を勝てば、有馬出走も夢ではない。日曜の最終レースが終わってしばらくしてから、そうか、ワセダインブルーの複勝（570円）に5300円を突っ込めばよかったのだ、と気がついた。

アキラのエア馬券

「札幌4Rの11番のデキがいいんだけど、相手がわからない！」とメッセージを送ったのは日曜日の11時ごろだ。2回札幌8日目の4Rは、3歳未勝利のダート1700m戦。そのパドックで、⑪サンロックランドが超ぴかぴかのデキだったのである。しかし上位人気の1頭なので（4番人気）、買い方が難しい。普通に考えれば、相手は2番人気の⑨オーシャンバローズだろうが、その馬連⑨⑪は12倍。そんな馬券は買いたくない。どうしようかなあと思っているうちに、テレビの前で眠ってしまった。

この日は早朝に起きてしまったので、眠くて眠くて、油断すると瞼が落ちてくるのだ。はっと気がつくとレースが始まっていて、これ、どこの何レース？と思う間もなく、それが札幌4Rであることに気がついた。おお、始まっちゃったのか。気がついたときにはもう4コーナーで、⑪サンロックランドは先行馬群の直後にいる。先に抜け出した⑧アポロリリーを追って、⑪サンロックランドがぐんぐん差してくる。この2頭のマッチレースだ。⑪サンロックランドがクビだけ出たところがゴール。あいやー、勝っちゃった。3着は，離されてはいたものの、先行した⑨オーシャンバローズが残ったように見えた。馬連⑨⑪で勝負していても、1着3着では外れ。2着の⑧アポロリリー（7番人気）はノーマークの馬だったから（馬連は4360円）、これではどうやっても外れていた。寝ていて正解だったわけだが、しかしパドックで超ぴかぴかの馬を見つけたのに、馬券にいかされなかったのは、なんだか消化不良だ。

この日、大負けした遠因はこの札幌4Rにあるのではないか。なにか、もやもやしちゃったのである。それからメインレースを迎えるまでに15レースも買ってしまったのは、たぶんそのせいだと思う。3場のメインと最終で6レースだから、なんとこの日は全部で21レースも買ってしまったことになる。久々の20レース超えである。

もちろん、買っている間は楽しかった。たとえば、札幌5Rでは軸にした7番人気の⑬ゴールデンスターズが「差せ差せ差せ」の声援むなしく4着に負けるし、札幌6Rではアキラの「おすすめ馬」である⑫インザムービー（2番人気で1着）を素直に信じて買ったものの、2着の13番人気⑩ファクトゥーラを買えず。もうメインまで休むと言いだしたアキラを止めて「札幌7Rの6番のデキがいい。ノリとの馬連が19倍。たった1000円が1万9000円になるぜ」と引き止めたら、横山典騎乗の1番人気⑤イカットは勝ったも

の の、⑥ステラドーロは中団ままの6着。結果はまったく出なかったが、レースごとに一喜一憂して、それなりに楽しかったことを告白しておく。おれはやっぱり馬券を買っているのが楽しいんだ。しかし、いけないんですよねこれは。金が無尽蔵にあるのなら、その楽しみにどっぷりとつかっててもいいのだが、そういう金持ちではないのだから、やっぱりレースをしぼらなければならない。この日が夏競馬の最終日で、ついつい油断しちゃったのだろうか。

メインレースの直前に「帰ってきました」と書き込んできたのはオサムだ。台風が接近しているので、そのために日曜出勤したとのこと。昼には戻ります、と朝は言っていたのだが、出勤すればなかなかそういうわけにもいかないのだろう。3人揃って迎えた札幌のメインで、「きた！　安いけど3連複！　タイセイトレイル頑張った！」とアキラが書き込んできた。この日の札幌メインは、3歳以上オープンの丹頂S（芝2600m戦）。1着⑤ボスジラ、2着③バレリオ、3着⑥タイセイトレイルの3連複は、3700円。1番人気、6番人気、7番人気の3頭だからもう少しツクのかなと思ったら、みなさん、競馬がうまい。「もう少しついてほしかった」と書き込んできたアキラの気持ちは十分に理解できるけれどね。

問題はその後の展開である。新潟記念にどかんどかんと入れて玉砕したことはまだいいとする。大穴ばかり狙ったら（3連単の買い目の中には300万馬券もあった！）、2番人気→3番人気→5番人気の決着だったのはつまんなかったけど。問題は3場の最終レースだ。この日はそこまで散々な目にあい、最終もまったく自信がなかったのだから、手じまいすればいい。なのにこのバカは3場の最終レースにこれでもかと突っ込むのだ。負債がその分増えて、この日だけで全治1カ月。最終をケンしたアキラが「新潟最終はエア馬券を買います」と書き込んできたので、「なに、買うの？」と尋ねると、「津村の単勝！」。「馬連なら相手は武藤、馬連は26倍！」。津村が騎乗しているのは⑧トミケンルーア（4番人気）。武藤が乗っているのは⑱クイックレス（3番人気）だ。そして、本当にこの2頭が1、2着したから驚いたが（馬連は2240円）、いちばん驚いていたのは本人だったようだ。おお、来週もエア馬券の内容を事前に教えてくれ！

幻のＷＩＮ５

京成杯オータムハンデのゴール前、逃げた⑯スマイルカナが必死に粘るところに、番手先行の⑩トロワゼトワルが襲いかかる。３番手から②ボンセルヴィーソも激しく2頭に迫る。思わず、テレビの前で立ち上がった。差せ木幡。②ボンセルヴィーソの鞍上が木幡巧也なのである。３頭が横一線になったところがゴール。気のせいか、⑩トロワゼトワルの頭が出ていたように見える。本当か、本当にそうか。

実はこの日、久々にＷＩＮ５を買ったのである。「私、あまりに当たらないので、きょうはＷＩＮ５を買います。どうせ当たらないのなら、夢を見たほうがいいと」。オサムとアキラにそうメッセージを送ってから検討。まず中京10Ｒムーンライトと、中京メインの産経賞セントウルＳは、ともに1番人気の⑰アドマイヤビルゴと、⑯ダノンスマッシュを1頭指名。次に、中山の京成杯オータムハンデは、1番人気から5番人気までの5頭。ここまではすんなり決まり、ポイントは中山10Ｒの初風Ｓ。３歳以上３勝クラスのダート

4回中山2日　11R　京成杯AH

着順	予想	枠番	馬番	馬名	性齢	斤量	騎手	タイム	着差	通過順	上り	人気	単勝オッズ	体重増減	厩舎
1	△	❺	⑩	トロワゼトワル	牝5	55	横山典	1.33.9		4 2 2	内35.3	④	7.2	464 0	栗安田隆
2	▲	❽	⑯	スマイルカナ	牝3	52	柴田大	1.33.9	鼻	1 1 1	内35.6	③	5.4	424+14	北高橋祥
3	▲	❶	②	ボンセルヴィーソ	牡6	55	木幡巧	1.33.9	鼻	2 3 3	中35.2	⑬	45.1	484 0	栗池添学
4		❹	⑦	ジャンダルム	牡5	56	藤井勘	1.34.1	1¼	2 5 6	中35.3	⑪	33.3	502+ 4	栗池江寿
5		❹	⑧	シゲルピンクダイヤ	牝4	54	和田竜	1.34.2	½	4 6 6	内35.2	⑤	8.7	474+18	栗渡辺薫
6		❷	③	アルーシャ	牝5	55	戸崎圭	1.34.3	½	16 15 16	外34.7	⑦	20.9	458+ 8	北藤沢和
7	○	❷	④	ストーミーシー	牡7	57	田辺裕	1.34.4	½	12 14 12	外34.9	⑨	25.7	558+ 4	南斎藤誠
8		❻	⑫	エントシャイデン	牡5	56	大野拓	1.34.5	½	9 9 9	中35.2	⑫	39.6	478− 2	栗矢作芳
9		❼	⑭	アストラエンブレム	騸7	57	横山武	1.34.5	鼻	6 3 3	中35.8	⑮	59.6	476− 4	北小島茂
10	◎	❸	⑤	アンドラステ	牝4	53	ルメール	1.34.5	頭	6 9 13	中35.2	①	3.9	470+ 2	栗中内田充
11		❼	⑬	ミッキーブリランテ	牡4	54	坂井瑠	1.34.6	½	6 6 5	中35.6	⑧	24.2	478− 4	栗矢作芳
12		❺	⑨	アフランシール	牝4	52	津村明	1.34.8	1	14 12 6	中35.4	⑩	28.3	492+ 2	南尾関知
13	△	❻	⑪	ラセット	牡5	55	秋山真	1.34.8	頭	16 16 16	外34.8	⑥	13.1	490 0	栗庄野靖
14		❸	⑥	スイープセレリタス	牝4	52	丸山元	1.35.0	1¼	9 6 9	中35.9	⑭	47.6	510 0	北藤沢和
15		❽	⑮	メイケイダイハード	牡5	55	酒井学	1.35.1	¾	12 9 9	中35.8	⑯	91.7	540+ 8	栗中竹和
16	△	❶	①	ルフトシュトローム	牡3	54	石橋脩	1.35.3	1¼	9 12 13	外35.9	②	5.1	506+24	北堀　宣

単⑩720円　複⑩260円　⑯250円　②630円　　ブリンカー＝⑦
馬連⑩—⑯2050円⑥　　枠連❺—❽1560円⑥
馬単⑩—⑯4790円⑮　　３連複②⑩⑯23350円78
３連単⑩⑯②85830円254
ワイド⑩—⑯840円⑥　②—⑩2500円㉕　②—⑯3190円㊶

1200mハンデ戦である。鞍上がルメールの⑥ノンライセンスが最終的に1番人気になったものの、その単勝オッズが3倍であるように、混戦レースといっていい。こういうときは、私が得意とする作戦が出動する。まず1〜3番人気をカット。次に、最低人気から3〜4頭カット。残った馬を指名馬にするという作戦である。仮に上位3頭、下位3頭の計6頭をカットするなら、この日の初風Sは15頭立てだったので、残るのは9頭になる。しかし細かく検討していたら、下位は6頭までは切れるなと判断。つまり上位人気3頭と下位人気6頭の合わせて9頭をカットしたので、残りは6頭。切りすぎかな、という気がしないでもないが、ま、いいやと。というわけで、2番目の中京10RムーンライトHが1頭、3番目の中山10R初風Sが6頭、4番目の産経賞セントウルSが1頭、5番目の京成杯オータムHが5頭となった。ここまでで、30点。そして1番目の中山9R白井特別の検討に入ったが、中山10Rのハンデ戦が8～10頭なら、ここは2頭だなと思っていたが（総点数を100点以内に収めたいので）、ハンデ戦が6頭指名で済んだので、ここは3頭を指名できることになった。そして3頭を選んだら、④エリスライト、⑧ウレキサイト、⑨デジマノハナ。念のために人気を確認すると、2番人気、5番人気、1番人気である。えっ、⑧ウレキサイトって5番人気なのかよ。そこで検討は一旦終了。あとは午後になってから人気をもう一度確認してから投票するのだが、午後になっても⑧ウレキサイトは3番人気にならない。本当はこの白井特別では1～3番人気の3頭を指名したいのである。

ここまでの経過でおわかりのように、私のWIN5戦略は、人気をもとにしている。5レース中4レースは堅い決着で、1レースだけ荒れるという想定をもとにしている。たとえば、この日の京成杯オータムHは、本当は3歳馬を選びたくない。だから①ルフトシュトロームと、⑯スマイルカナは切りたいのだ。その分の2頭の枠を古馬にまわしたいのだが、人気をもとにするという戦略のために自分の感情を却下。したがって、中山9R白井特別も3頭指名にするなら、1番人気～3番人気の3頭にしなければならない。つまり、1番人気の⑨デジマノハナ、2番人気の④エリスライトに足すのは、3番人気の⑤デクレアラーにしなければならない。午後になって再度、単勝人気を確認したときのことを思い出す。

⑤デクレアラーの成績を見ながら、いつもそこそこにはくるけど、頭はなあと思ったことを思い出す。それに⑤デクレアラーは5歳馬だけど、⑧ウレキサイトは4歳馬だ。頭の可能性を考えるなら若駒のほうがいい。他の局面で自分の感情を優先せず、あくまでも人気に従っておきながら、どうしてこのときだけ人気に逆らうのか、あとで考えてもよくわからない。人気をもとにするという私の戦略が絶対的に正しいとは考えていない。しかし、その考えでやるのなら、そのフォームを貫くべきだ。

ＷＩＮ5の対象レース一発目の中山9Ｒ臼井特別で、戸崎騎乗の⑤デクレアラーが勝ったとき、実はまだそれほど失敗したとは思ってもいなかった。最初から外れるなんてことはよくあるのだ。中京10Ｒムーンライトハンデを⑰アドマイヤビルゴが勝ったときも、ふーんと思っただけ。しかし3番目の中山初風Ｓ、あの混戦のハンデ戦の勝ち馬を当てたとき、ああ、失敗かも、と激しく後悔。そのあとも不吉な予感通り、1頭指名のダノンスマッシュが勝って幻のリーチ。で、京成杯オータムＨで、⑯スマイルカナ、⑩トロワゼトワル、②ボンセルヴィーソが横一線に並んだわけである。⑯スマイルカナと⑩トロワゼトワルは買う予定だったから、②ボンセルヴィーソが差さないかぎり、私の幻の買い目は当たっていたことになる。やめてくれ、それだけはやめてくれ！

オサムは長寿の家系である

結局、京成杯オータムハンデのゴール前の接戦を制したのは、4番人気の⑩トロワゼトワルだった。ということは、最初の中山9R白井特別を、素直に1～3番人気を指名しておけば、当たっていたことになる。なぜ、その白井特別を1番人気、2番人気、5番人気の3頭指名にしたのか、いくら考えてもわからない。1～2番人気の2頭指名だったので、3番人気までは手がまわらなかったというのではないのだ。そのレースは3頭指名にしていたのである。しかも私の基本的なフォームは人気を基にしているというのに、このときだけ3頭目に5番人気を指名してしまった。痛恨の極みである。

この日のWIN5の勝ち馬の人気は、3番人気↓1番人気↓4番人気↓1番人気↓4番人気であり、配当は65万。WIN5の配当としては安い。しかし1レースの配当として考えるとでかい。65万の3連単を当てるチャンスはそうあるものではない。しかもただいまボウズが続いて、資金難のピンチなのだ。ここで65万が補填されれば購入資金のやり繰りが大変楽になる。なんで、白井特別をもっと真剣に考えなかったのかなあ。あれからずっと考えている。しかし終わったことをあれこれ考えても仕方がない。これから先のことを考えよう。とりあえずはＷＩＮ５をときどきやるのではなく、完全復活すること。今回惜しかったからといって、次のチャンスがすぐに訪れるものではないが、来年の春までに１回当てたい、という希望なら叶えられるかもしれない。そのくらいのスパンで考えたい。

それに、やっぱり面白いのだ。ああでもないこうでもない、と締め切りの直前まで考えるのは、面白い。ＷＩＮ５の検討をしていると、６～８Ｒあたりで無駄な馬券を買わずに済むのもいい。一応パドックを見て、おお、この馬のデキがいいと新聞にチェックはするけれど、馬券を買わずにＷＩＮ５の検討の続き。で、レース実況が始まると、ええと、これは何レース？　パドック中継のときに考えたことはもう忘れているから、手元の新聞を見て、チェック印で気がつくと、その馬を応援しながらレースを見ていたりする。チェックしながらも買わなかった馬だから、くるなよ、と思いながら見るのではない。買わなかった馬ではあるけれど、一度は目を付けた馬であるから、こい、と応援するのだ。まあ、だいたいこないんだけどね。馬群から出てこれなかったり、先行したものの、直線を向いてずるずる下がったりするのを見て、そうか、デキはいいと思ったんだけど、競馬は難しいなあと思うのである。

秋の3日間競馬は、土曜は所用で外出したものの、日曜、月曜は朝からテレビの前に座り続け、テレビをつけっ放しだった。日曜はローズS、月曜はセントライト記念と、なかなか面白いレースがあり、もちろん馬券はガツンと参加。それが当たればいいんだけど、なかなか当たらないから大変だ。終わってからハッと気がついたのだが、馬券が当たらない上に、WIN5の負けが重なると、負け額が膨れ上がる。そうか、WIN5をやらなくなったのは、その負け額の増大に耐えられなかったからだ。ようやく思い出すのである。滅多に当たることのないWIN5はやめよう、と撤退したのはそのためだ。

日曜中京2Rの馬連1460円、月曜中山2Rの馬連2170円。今週当たったのはなんとそれだけ。その前の4日間はボウズだぜ。絶不調の季節は延々と続いているのである。3日間で全治1カ月超え。よくそれだけの負けで済んだよなあとは思うが、それは買う額を控えているからだ。たくさん買うとたくさん負けるので、買う額を控えめにしているのだが、いくら控えても、その少額がどんどん積み重なっていくからバカにできない。

セントライト記念が行われた月曜日のWIN5も、実は外したのが一つだけ。2番人気の⑬クリスティが勝った中京10RブエナビスタCを外してしまった。2番人気→2番人気→1番人気→6番人気→4番人気というのがこの日の勝ち馬の人気で、他はすべて当てているのに2番人気を外したためにスカ。配当は56万。これも、ああしてこうすれば当たっていたのだが、それは言うまい。先週が65万、今週が56万。二つ当てれば120万だ。こういうふうに私向きの配当が出ているときに当てないとあとがつらいのだが（大荒れだと100点前後で当てるのは困難だから）、まだ再開して2週だ。半年やって結果が出ないとまた撤退してしまうかもしれないが、それまでは辛抱する。

月曜の午後、オサムから老人の写真が送られてきたので何だろうと思ったら、母方の祖父が96歳の誕生日で、みんなで食事をしてきたという。お元気そうな写真だったが、驚いたのは父方の祖父は102歳で元気だという。おお、オサムは長寿の家系なのか。100歳を超えてもテレビの前に座り、競馬中継を見て、「差せ！」とか「そのまま！」とか叫びたいものである。

3連単マルチを買え

少し前のことになるが、反省のために振り返りたい。ちょうど1カ月前、夏競馬の最終週のことだ。土曜新潟のメイン、長岡Sの話である。実はこのレース（3歳以上3勝クラスの芝1600m戦）、当初は買うつもりがなかった。しかし、メインレースを黙って見ているのも何なので、ダントツ人気の⑥サトノウィザードから、⑬フォックスクリーク、⑭クリアザトラック、⑯ワンダープチュックの3頭に、馬連を買った。各500円なので、総額1500円である。ほんのひやかしである。すると、⑯ワンダープチュックが勝ち、⑥サトノウィザードが2着。その遊びの馬連が当たってしまった。

配当は、1780円。つまり、1500円投資して、8900円になったわけである。金額的にも遊びの範囲なので、ゴール前でも興奮せず、ふーん、当たるときは当たるんだ、と思っただけだったが、しばらくして大ショック。実は、私がヒモに選んだ3頭は、内から順に、12番人気、10番人気、7番人気だった。ダントツ人気馬から馬連を買ったので、相手は思い切り人気薄にしたのである。遊びだからね。外枠から3頭を選んだのは、直前の10R弥彦特別（3歳以上2勝クラスの芝2000m戦）で、8枠の馬が勝ち、7枠の馬が2着していたからだ。これは、1番人気と5番人気だったので、外枠優勢というよりも、単に上位人気の馬がきたにすぎなかったのかもしれないが、この日の6Rのこともある。こちらは3歳未勝利の芝2000m戦だが、7枠の2頭が2〜3着したのだ。その人気が、14番人気と10番人気（それで1着が9番人気の馬だったのに、3連単は79万。100万超えをしなかったことに驚いたが、1番人気馬の単勝が5倍を超える大混戦レースだったためだろう）。これでおわかりのように、この日は全体的に外枠優勢という流れがあったのである。

で、メインの長岡Sでも大外の⑯ワンダープチュック（7番人気）が勝ち、ダントツ人気の⑤サトノウィザードが2着したわけだが、3着がなんと10番人気の⑭クリアザトラック。つまり、私が馬連の相手に選んだ3頭のうち2頭が、1着と3着。ちょっと待ってくれ。ということは、ダントツ人気の⑤サトノウィザードから馬連など買わずに、その軸馬から外枠3頭をヒモにして3連単マルチを買っても当たっていたということだ。1着⑯ワンダープチュック、2着⑤サトノウィザード、3着⑭クリアザトラックの3連単の配当は、なんと18万。ホントに、ちょっと待ってくれ。私は外枠3頭へ馬連を各500円買ったのである。合計が1500円。⑤サトノウィザードを軸にして、外枠3頭へ3連単マルチを買ったとしても、その投資額は1800円。たったの300円しか違わない。それで配当が、8900円と18万。あまりの違いにめまいがしてくる。3連単は購入資金が膨れ上がるので要注意と戒めているが、資金をそれほど必要としない買い方もあるのだ。そういう場合は積極的に3連単を買うべきだと深く反省したのである。

で、ようやく今週の話に戻ってくるのだが、4回中山7日目の6R（3歳以上1勝クラスのダート1800m戦）、午前中おとなしくしていたので、そろそろ馬券を買いたい。とりあえずは複勝でいい。中山ダート1800mは、キンカメ、アイルハヴアナザー、ゴールドアリュールが御三家だが、そのそれぞれの産駒がどうもぴんとこない。そうして④リッターシュラークに目をつけた。クロフネ産駒で、休み明けで、距離短縮で、ダート替わり。全ダート成績が〔1012〕。ここで買わなくていつ買うの、という馬だ。5番人気なので狙いごろといっていい。この馬の複勝を1000円。8Rくらいまでは複勝ころがしでWIN5の資金を作ることにしているので（なかなか転がらないが）、とりあえずはこれでいいのだが、なんだかほかの馬券も買いたくなってきた。

ダントツ人気の⑥アポロティアモとの馬連オッズを見ると、10倍。低配当馬券は買わないようにしているのでこれはスルー。そこで発想を転換。こういう場合は、3連単2頭軸にすればいい。午前中、1円も使ってないのでもう少し買ってもいいような気がしたのである。このレースは14頭立てだが，そのうち8頭が3歳馬。1勝クラスなら3歳馬でいいのではないか。この8頭のうち3頭はいらないと結論。残るは5頭だ。その5頭の中に④と⑥も入っているから、残るは3頭。ということは、④⑥2頭軸の3連単マルチを買っても、点数はたったの18点だ。これならいいだろうと購入すると、私の軸馬④が1着、ダントツ人気の⑥が2着、ヒモに選んだ3歳馬3頭のうちの1頭が3着したので、この馬券が当たってしまった。その配当は2万4170円。18万に比べると、恥ずかしくなるような金額にすぎないが、3連単が当たるなんて実に久々なので、しみじみと嬉しい。次に当たるのはいつかなあ。

今週の5つの出来事

今週の5つの出来事について書く。まず最初は、とうとう観客を入れる競馬が始まること。2月末からずっと無観客競馬が続いていたが、10月10日からようやく観客を入れると JRAが発表したのである。長かったなあ。いまではすっかり無観客競馬に慣れてしまったが、それでもやっぱり淋しさがあったことは否定できない。もちろん、観客を入れるとはいっても、まだ限定的である。観客を入れるのは指定席だけ。しかもその指定席もほんの一部。東京競馬場の例でいうと、全指定席の5分の1だ。これではがらがらだぜ。

一般席にはもちろん入れない。金網にもたれてレースを見たいと思っても、それはダメ。私は指定席党ではあるけれど、金網の近くでレースを見るのが結構好きなのである。東京競馬場のゴール付近に立っていると、4コーナーを回った馬たちが坂下で一度見えなくなる。坂上に出てくるまで、ぴょんぴょん跳びながら待つのだ。古い話で恐縮だが、そういう時代があったのである。白だピンクだ、と帽子の色がいちばん最初に見えるから、それで興奮したりする。ターフビジョンができてからは、それを見れば一目瞭然なので、ぴょんぴょん跳ばなくなったけど、あれは結構興奮した。

しかし指定客だけで、しかも5分の1だなんて、絶対に抽選に当たらないよな。GIよりも狭き門だろう。馬券を当てるよりも絶対に難しい。まあ、その数を徐々にひろげていくんだろうが、まだまだ道遠しだ。しかし、観客競馬の門がようやく開いたことは嬉しい。ゼロはいつまでたってもゼロだけど、1はいずれ2になり、3になる。昔のようなフルオープンの競馬場が戻ってくる日を楽しみに待ちたい。いつになるかなあ。これが今週のトピックス第1位だ。

次は、カルストンライトオ産駒のメイショウテンセイが勝ったこと。日曜中京の最終レースだ。3歳以上2勝クラスのダート1200m戦を、9番人気で差し切ったのである。2着が11番人気、3着が13番人気だったので、3連単は529万円。大荒れとなったレースだが、スプリンターズSの日に、カルストンライトオ産駒が勝つなんて、やはり縁があるのか。ご存じの通り、カルストンライトオは2004年のスプリンターズSの勝ち馬である。もっともメイショウテンセイは差して勝ったわけで、お父さんのように逃げ切ったわけではない。それにしても、カルストンライトオ産駒がまだいるとは知らなかった。できればこれからも頑張ってもらいたい。

3番目は、そのスプリンターズSをグランアレグリアがとてつもない強さで勝ったこと。4コーナー最後方からよく届いたよな。こんなに強かったかと改めて驚いた。4番目は、土曜中京6Rで、⑦バーゲニングパワーに乗った泉谷騎手が、落ちたと思ったらしがみついて落ちず、また態勢を立て直してまたがったこと。馬上から一度消えた姿がまた蘇ったので、素晴らしいとテレビに向かって拍手してしまった。

で、今週のトピックスのラストが、土曜中京のシリウスSなのである。ダントツ人気の⑮カフェファラオを1着に固定して3連単フォーメーションを買ったのだが、3着欄に置いた2頭が2～3着したので外れ。その3連複が2万5400円。⑮カフェファラオの相手に私が選んだのは6頭だ。3連複でもたったの15点である。そうしておけば、254倍がヒットしたというのに、なぜ3連単にしてしまったのか。これには理由がある。ヒモ6頭は内から順に、②サクラアリュール、③エイコーン、④アルドーレ、⑦エムオーグリッタ、⑨ダノンスプレンダー、⑪グレートタイムだ。⑮カフェファラオの頭は堅いので、ヒモが5頭ならその5頭を2～3着に置くフォーメーションを買っただろう。それで20点。ところが6頭を2～3着に置くと、フォーメーションの点数は30点になるので、少しばかり抵抗がある。その差はたったの10点で、1点100円だから、総額1000円増えるにすぎない。他のレースなどで2000円や3000円の馬券を意味なく買ったりしていることを考えると、ここで1000円増えることはたいしたことではない。もしもそうしておくと、3連単6万5830円がヒットしていた。そうか、それがいちばんの正解だった。254倍の3連複よりも、658倍の3連単だ。

ところがこのバカは、その差の1000円が出せず、③⑦⑨の3頭を2～3着に置き、②④⑪の3頭を3着だけに置くフォーメーション（15点）にしてしまった。3連複が頭に浮かばなかったのは、ヒモ6頭の人気が、7番人気、9番人気、2番人気、8番人気、3番人気、4番人気だったからだ。ようするに、上位人気3頭と、下位人気3頭の合計6頭だったので、3連複にすると低配当の目が少なくないのだ。それでは面白くないと、3連単フォーメーションにしたわけである。まったくなあ。

ＷＩＮ５がようやく的中

土曜日の１Ｒ。馬券は買ってないのだが、スタート直前の輪乗りの様子をぼんやりテレビで見ていたら、金網の前に数人の人がいる。そうか、今日から観客競馬が始まるんだった。でも競馬場に入ることができるのは指定席客だけだから（しかもそのごく一部）、一般客は入れないはずだ。ということは、いま金網の前にいる客は指定席客だ。雨が降りしきる中、指定席を離れて金網の前まできた、ということだろう。その気持ち、よくわかる。馬のそばにいたいのである。レースの空気をナマで嗅ぎたいのだ。７カ月半も競馬場に行かず、家でテレビ観戦をしているので、いまはすっかりこの状態に慣れてしまったが、いま金網の前にいる人たちを見ると、途端に競馬場の空気を思い出す。競馬はギャンブルだぜ馬券だぜ、と普段は思っているのだが、馬たちのそばにいたいという感情が自分の中にあることに気がつくのである。えーっ、おれ、馬が好きなのかよ。

本来なら秋の府中の開幕であるから、雨が降ろうとヤリが降ろうと例年なら東京競馬場に駆けつけているはずだ。いつになったら行くことができるんだろうか。ＪＲＡのホームページを見ると、Ｓ指定席はまだ開放していない。一部とはいえ、入れるのはＡ指定からＣ指定まで。ということは、メモリアル60の建物自体が閉鎖しているということか。あの地下１階にある煮込みはまだ食べられないということか。それでは、フジビュースタンドの売店はすべてオープンしているんだろうか。いや、無理だよな。東京競馬場に入れるのは１０００人ちょっとであるから、客がそんな程度の人数ではペイしないか。でも、すべての売店がしまっているとも考えにくいから、どことどこがオープンしているのか。フードコートの鳥千はやっているか。メインスタンド４階の銀だこはやっているか。そういうディテールを知りたい。そういう細部の積み重ねが競馬場を作っているのである。馬だけで競馬場が成り立っているわけではない。

今週の痛恨は、土曜東京の６Ｒ。３歳以上１勝クラスのダート２１００ｍ戦だが、「狙いは⑨ヴィーヴルサヴィ。この馬の逃げ残りを狙います」と朝、アキラとオサムにメールを送ったのである。東京ダート２１００ｍ戦は昔から逃げ馬を買っているが、どの馬が逃げるのかわからないレースもあり、こんなに典型的なケースも珍しい。逃げ馬がこの⑨ヴィーヴルサヴィしかいないのである。それでいて、なんと13番人気。これはおいしい。

もっとも実際には逃げイチではなく、内の②ファイブリーフと併走したらしい。らしい、

着順	予想	枠番	馬番	馬名	性齢	斤量	騎手	タイム	着差	通過順	上り	人気	単勝オッズ	体重増減	厩舎
1	◎	❻	⑧	ナックジーニアス	牡3	55	田中勝	2.10.4		7 7 5	外**37.2**	②	3.2	516+ 4	北宗像義
2		❻	⑨	ヴィーヴルサヴィ	騸5	55	菅原明	2.10.8	2½	2 2 1	中38.1	⑬	133.8	502− 2	北奥平雅
3	○	❹	⑤	モルタル	牡3	55	ルメール	2.10.9	頭	4 4 3	中37.9	①	3.1	476 0	北加藤征
4	▲	❼	⑪	ニューツーリズム	牡4	57	横山和	2.11.6	4	9 8 7	中38.1	⑤	10.3	514+14	南黒岩陽
5	△	❷	②	ファイブリーフ	牡3	55	北村宏	2.11.7	¾	1 1 2	内39.0	⑥	13.9	510+ 4	北岩戸孝
6	△	❸	③	スキルショット	牡3	55	三浦皇	2.12.0	2	⑪ 10 7	外38.6	③	4.7	492+18	北加藤士
7		❽	⑫	アナザークイーン	牝4	55	津村明	2.12.4	2	⑩ 11 11	外38.6	⑩	81.1	480+ 6	北天間昭
8	△	❽	⑬	マコトネネキリマル	牡4	57	内田博	2.13.1	4	3 3 3	中40.1	④	8.4	448+16	北伊坂重
9		❹	④	グーガルドリームズ	騸3	55	野中悠	2.13.7	3½	4 6 9	中40.0	⑦	22.3	492+ 4	南伊藤伸
10		❶	①	エンパイアカラー	騸6	57	江田照	2.13.9	1½	4 4 5	内40.6	⑨	50.6	518+ 6	北藤原辰
11		❺	⑥	ヒロノワカムシャ	騸6	54	小林凌大	2.14.2	1¾	13 13 13	中38.9	⑪	94.4	484 0	北石栗龍
12		❺	⑦	セイカアーナンダイ	牡3	55	石川裕	2.14.3	½	12 12 12	内39.4	⑫	127.2	472+22	南相沢郁
13	◬	❼	⑩	マイネルイヴィンス	騸4	57	柴田大	2.14.7	2½	8 8 9	内41.0	⑧	42.4	516+ 8	北清水英

単⑧320円　複⑧150円　⑨1600円　⑤170円　　ブリンカー＝⑫⑩
馬連⑧—⑨18880円㉟　　枠連❻—❻13450円㉖
馬単⑧—⑨23860円㊱　３連複⑤⑧⑨12020円㊵
３連単⑧⑨⑤92410円266
ワイド⑧—⑨4070円㉟　⑤—⑧280円①　⑤—⑨4170円㊲

4回東京1日　6R　3歳上1勝クラス

というのは見ていなかったからだ。この日は朝、ちらっと検討しただけで午前中はずっと仕事をしていたのである。昼前には終わるだろうから、６Ｒの⑨ヴィーヴルサヴィの相手はそれから考えようと思っていた。ところがアキラから「ルメールとのワイド、取りました」とメッセージが入って、びっくり。えっ、もう終わっちゃったの？　仕事が長引いて、昼前には終わらなかったのである。競馬のことも忘れて仕事に没頭していた。アキラもレースを見たのは最後の１００メートルだけだったらしいが、馬券は朝、買っていたようだ。おおお、おれも朝、買っておけばよかった。アキラが仕留めたのは２〜３着のワイドで、それが40倍。いいなあお前。このレースを勝ったのは２番人気の⑧ナックジーニアスで、２着⑨ヴィーヴルサヴィとの馬連は、１８８倍。３着が１番人気の⑤モルタル（この鞍上がルメール）で、３連単が９２４倍。13番人気の⑨ヴィーヴルサヴィを軸にするなら、馬連も3連単も簡単に取れていたのではないか。なにしろ相手が1～2番人気の2頭なのだ。こんなに簡単に取れるケースも少ないだろう。それなのに、このバカはそういうときにレースを見ずに、馬券も買ってないのである。ようやく仕事を終えて8Rから復帰したが、こういう日に馬券が当たるわけがない。

翌日の日曜日は朝からばしばし馬券を買ったが、今度は予想が丸はずれ。全然当たらない。あの土曜東京6Rの馬券を取り逃がしたのが、やっぱり大きいか。そう思い始めたとき、土日で全治1カ月というピンチを救ってくれたのは、WIN5だった。この日のWIN5は22万で、たいした配当ではないが、私にとっては「干天に慈雨」で、ホント、助かった。毎日王冠はサリオス1頭、荒れそうな新潟メインは8頭、残りのレースは2頭。これで64点。WIN5に復活した最初の週に50万を逃がし、悔しさのあまりそれから毎週買うようになっているが、この程度の配当でも私は十分だ。来春までに50万を1回当てればいいと思っていたが、その半分以下とはいえ、予想よりも早くヒットしたのは嬉しい。来春までにこのくらいの配当をもう1回当てて、当初の目標を達成したい。それにしても京都大賞典、1～3番人気の決着なのに3連複が3280円。なんで、こんなにつくの？

35万と2万の差

4回京都4日目の7R。3歳以上1勝クラスの芝2000m戦だが、私の狙いは⑩ストリクトコード。手元の新聞には△が3つあるだけの馬だ。最終的には7番人気に落ちついたが（ちなみにこのレースは11頭立てだ）、昇級初戦のディープインパクト産駒にしては、不当に人気が低い。7戦目に未勝利を勝ち、5カ月半休んでの参戦だが、間隔をたっぷりと取っているのもいい。手元の新聞の調教診断では2番手評価。つまり体はデキている。ようするに、ディープ産駒が好走する二つの条件が揃っていることになるが、この日は三つ目がダメ押し。いまの京都は外の差し馬に向いているのだ。⑩ストリクトコードは8枠の差し馬だから、馬場も味方していることになる。ここまで揃っているのに、パドックの段階では単勝30倍（最終的には27倍）。これはおいしい。相手は、同じ8枠の差し馬、⑪ハギノエスペラントのつもりでいたが、パドックでよく見えなかったので、単勝1倍台の③カレンシュトラウスに変更。この馬連が30倍。これだけでいいような気がするが、念のた

4回京都4日　7R　3歳上1勝クラス

着順	予想	枠番	馬番	馬名	性齢	斤量	騎手	タイム	着差	通過順	上り	人気	単勝オッズ	体重増減	厩舎
1	◎	❶	①	シルヴェリオ	牡3	55	ルメール	2.01.4		5 4 4 内	36.2	②	6.1	500−8	栗東池添学
2		❽	⑩	ストリクトコード	牝3	53	和田竜	2.01.7	2	9 9 7 外	36.2	⑦	27.4	440+14	栗東庄野靖
3	○	❸	③	カレンシュトラウス	牡3	55	川田将	2.01.8	首	4 4 4 中	36.7	①	1.8	502−2	栗東平田修
4	△	❼	⑧	ベストクィーン	牝4	55	幸　英	2.02.4	3½	1 1 1 内	37.8	⑨	57.1	434+10	栗東西橋豊
5		❻	⑦	ノブフランクリン	牝3	53	秋山真	2.02.4	首	7 6 7 中	37.0	⑧	38.4	426+6	栗東坂口智
6	△	❼	⑨	シルバーエース	牡3	55	福永祐	2.02.6	1	8 6 6 中	37.3	④	7.4	468+4	栗東橋口慎
7	▲	❷	②	ウインサンフラワー	牡3	55	横山武	2.02.9	2	3 2 ② 内	38.0	⑥	16.9	454 0	栗東飯田雄
8	△	❺	⑤	アンサンブル	牝3	53	松山弘	2.03.0	½	⑪ 11 11 外	37.4	③	6.5	470+8	栗東杉山晴
9	◬	❽	⑪	ハギノエスペラント	牡3	55	横山典	2.03.1	½	2 2 2 中	38.2	⑤	10.0	480 0	栗東松田国
10		❻	⑥	アイファーキャノン	牝4	55	田中健	2.03.8	4	9 11 11 中	38.2	⑪	582.7	434+10	栗東服部利
11		❹	④	ブラックバッジ	牡4	57	藤岡康	2.05.8	大	6 8 9 中	40.4	⑩	81.6	488−2	栗東武　幸
				メイショウカクウン	牡5	57	太宰啓	（取消）		馬番発表前					栗東石橋守

単①610円　複①220円　⑩560円　③110円　ブリンカー＝①
馬連①―⑩10060円㉒　枠連❶―❽2480円⑨
馬単①―⑩15870円㉟　３連複①③⑩4440円⑰
３連単①⑩③51660円140
ワイド①―⑩2350円㉖　①―③310円③　③―⑩980円⑫

めに他の馬との馬連オッズを確認してみると、100倍以上ばっかり。妙なことに、これで自信がなくなってしまった。グリーンチャネルのパドック解説者もおすすめ馬に⑩を入れないし、だめかなあ。みんなから見放されているような気がしてきた。人気が低いことにはそれだけの理由があったりして。

結局、ダントツ人気の③カレンシュトラウスを1着に固定、⑩ストリクトコードを3着に固定し、2～6番人気の5頭を2着に置く3連単フォーメーションを各100円。万が一、⑩ストリクトコードが2着に届いたときのために、馬連を⑩から5点（これは各200円）。最後に1着になったときに悔しいので⑩の単勝を500円。これで合計2000円である。なんだか腰が引けた馬券である。京都3Rでは総額5000円入れたというのに（最近の私にはこれくらいの額でも大勝負だ）、それがコケてしまったので、弱気になっていたのかもしれない。ここでまた5～6000円入れてコケたらもう止まらなくなる。そういう展開はこれまでイヤになるほど経験してきた。というわけで腰が引けた馬券になってしまったが、1着でも2着でも3着でも、全部大丈夫！という馬券を本人は買ったつもりなのである。単勝を買って、馬連を買って、3連単は3着付け、という馬券を全部持っていたから、どんな展開になっても大丈夫と思っていたが、これが錯覚であるのは言うまでもない。全然、大丈夫ではないのだ。

レースは、⑩ストリクトコードが後方からの競馬になり、これは想定内なのでかまわないが、4コーナー手前から仕掛けて、外から差してきた。さあ、あとは届くかどうかだけ。3連単の1着に置いたダントツ人気の③カレンシュトラウスは直線を向いて早々と先頭に立とうとするが、インをついた①シルヴェリオ（2番人気で、鞍上はルメール）がするすると伸びて、先頭に躍り出る。だめだめ、お前はだめ。③カレンシュトラウスは、川田が必死に追うものの、その①を抜けない。おお、この展開はまずい。③が1着にならないかぎり、私の3連単は当たらないのだ。⑩ストリクトコードが3着に届くかどうかはまだわからないけど、とりあえず③→①というかたちになってくれないと困る。そこに猛然と大外を差してきたのが⑩ストリクトコード。③カレンシュトラウスのすぐ後ろまできた。つまり、①シルヴェリオ→③カレンシュトラウス→⑩ストリクトコードという順番になったわけだ。しかし、このままでは私の馬券は1円も当たらない。これで、③が①を差してくれれば、私の3連単が完成するが、しかしどう考えても、③が①を差すのは無理な脚いろなので、あとは⑩が③を差すしかない。そうすれば、⑩の単勝と、③を1着に置いた3連単は外れても、馬連が的中する。残されたのはその道だけ。「和田和田和田！」「わだわだわだ！」「差せ差せ差せ差せ差せ！」。テレビに向かって叫んだ。私の声援が届いたのか、⑩が③を差して2番手に上がったところがゴール。馬連①⑩は100倍。当たったのだから文句を言うなよ、と言われそうだが、この馬連を私は200円しか持っていない。総額2000円の投資で、配当が2万円ということは、10倍の配当を手にしたわけだから不服を言う筋合いではないが、予想が当たったのにこれしか手にしないのかよという不満が大きい。もっと自信を持っていれば、馬連は1000円買っていただろうし、5万1660円の3連単も500円くらいは簡単にゲットできたのではないか。そうしておくと、総額は35万。もちろん、絵に描いた餅にすぎないが、けっして無理な話ではなかったと思う。どうして自分の予想に自信が持てないかというと、それで大損してきたからである。そういう過去の長い歴史がある。ひらたく言えば、懲りているのだ。しかしなあ、今回はいくべきだったよなあと未練たっぷりにまだ考えている。

菊花賞のこと

マヤノトップガンが勝った1995年から昨年まで、毎年菊花賞ウィークには西下してきた。25年連続である。こんなに長い間、生観戦してきたGIは他にない。関東に住んでいる私が、毎年この時期には必ず京都競馬場に出掛けてきたのだから、熱心といえば熱心だ。最初は、指定席がハガキ抽選で当たったのである。京都競馬場に行ったのはその1995年が最初。京阪電車の中書島という駅で乗り換えということで、ホームの向かい側に停まっていた電車に乗ったら、「これ、なんだか違う方向に行ってませんか」と一緒に行ったH君が言った。私たちは間違えて宇治方向へ行く電車に乗ってしまったのである。あわてて降りたが、戻る電車がなかなかこず、ホームのベンチで座っていたことを思い出す。

H君は私が立ち上げた会社のいまは社長になっているが、そのころは私の部下で、毎週一緒に競馬場に行っていた。ハガキが届いたのが直前だったので、ホテルがなかなか取れず、京都から大阪までの京阪沿線のホテルにかたっぱしから電話したら、寝屋川でようやく空き室があったが、いまでも覚えているのは「窓のある部屋と、ない部屋のどちらがいいのかって先方が言っているんですけど」とH君が言ったことだ。それはどう違うんだ、との質問には、200円違うということですとH君。じゃあ、200円高い部屋にしてくれ、と言った日も懐かしい。その1995年の菊花賞を当てたというのが、それから毎年行くことになったきっかけかもしれない。

25年間でいちばん印象に残っているのは、ディープインパクトの年だが、これはこれまで何度も書いてきたのでもう繰り返さない。ここではオルフェーヴルの年のことを書く。このときは7人で出撃した。なぜかその年、異常に満席時間が早かったのを覚えている。メイショウサムソンが三冠を逃した年（1番人気で4着）も私らは行っているのだが、当日指定の満席時間はいつもと同じ時間で変化はなかった。だから、なぜ今年は混むんだよおと不満だったが、そうか三冠馬が出るときはみんなもわかっているのだとあとで気がついた。当日朝の満席時間で三冠馬が生まれるかどうかはわかる——という画期的な判断法を発見したのである。こんなふうに思い出話を書いていくとキリがない。

新型コロナの流行でJRAは無観客開催になり、10月からは観客を入れるようになったとはいってもまだ限られた人数で、ついに菊花賞連続観戦の記録は途切れてしまった。この開催を最後に京都競馬場は改修に入るので2年以上開催がない。私もすでに老齢なので、京都競馬場が新しくなったときに健康でいることができるのかどうか、わからない。コロナが収束して、競馬場が昔のようにフルオープンして、さらに私がそのときに健康であったら、ぜひとも新しい京都競馬場に行ってみたいが、これぱかりはどうなることやらわからない。だから、テレビに京都競馬場の様子が映るたびに、なんだか感傷的な気分になる。パドックの周りにいる観客がいつもより多いような気がするが、これは気のせいなのだろうか。11月から入場人数を現在の4倍くらいにすると発表があったが、この開催まではまだ以前のままのはずだ。入場人数は増えていない。それなのに、なんだか観客が多いような気がする。指定席の事前購入者しかいないはずなのに、もしかすると指定席を離れてパドックやゴール前をはじめ、場内を散策する人が多いのではないか。そうして京都競馬場とのお別れをしている人が多いのではないか。テレビに映る観客がいつもより多いように思えるのは、そういうことであるようにも思うがどうか。

ところで25年通ってはきたが、その間、馬券を当てたのは、最初の1995年と、キセキが勝った2017年の2回しかない。ディープインパクトが勝ったときも馬券は当ててないし、今回も外れ。いちばん好きなGIは、菊花賞と秋天なのだが、その好きということと馬券成績はまったく別なのである。今週は土日とも仕事を入れず、朝からテレビの前に座り続けたが、むずむずしてくると馬券を買い、安い配当の馬券を取ったり外れたりしているうちにマイナスが蓄積し、今週はだめかなあと思っていたら、ＷＩＮ5が的中。先々週の22万よりもっと安く、今回は８万。恥ずかしい額だが、土日の負けをおかげで埋めることができたから嬉しい。

４つ目が終わったところで残り票数は１万。最後は三冠のかかったコントレイルなので、ほとんどこの票数は変わらないだろう。となると、総売り上げが10億なので、配当金は８万。と予測していたのに、いざ発表になると最初ケタを間違えて80万と思ってしまったことが恥ずかしい。直前に計算して予測までしているんだから、そんなことあるわけがないのに、いや、瞬間的にそう思っただけですよ。すぐに錯覚だと気がついたんですよ。でも、たとえ一瞬とはいえ、お、意外にいいじゃんと思ってしまった。これはここだけの秘密だ。

シゲ坊の勝負馬を見逃し！

土日の戦いが終わって、ぼんやりしていたらメールが入った。「福島最終当たりましたか」。シゲ坊からのメールである。なに？　福島最終？　なんだろう。その前にもシゲ坊からメールが入っていたので、それを開いてみた。「福島12R、鮫島のタマモティータイムが本命ですが、現在最低人気のセンショウユウトは必ず買ってください。昨日今日の馬場からセンショウユウト頭までありますよ」。土日で全治1カ月の大負けを喫したので、頭の中がぐるんぐるんしていて、何も覚えていない。少し前に終わったばかりのレースだが、そんな馬、きたかなあ。調べて、びっくり。16頭立て16番人気のセンショウユウトが本当に1着している！　単勝111倍だ。ああ、あのレースか。とんでもない穴馬が1着に飛び込んできたことをようやく思い出す。えっ、あの馬をシゲ坊が推奨していた？　ちょっと待ってくれ。ちょっと待ってくれ。日曜福島の最終、五色沼特別（3歳以上2勝クラスの芝1200m戦）を勝ったのは、16番人気の⑥センショウユウトで、2着が1番人気の⑪

3回福島2日　12R　五色沼特別

着順	予想	枠番	馬番	馬名	性齢	斤量	騎手	タイム	着差	通過順	上り	人気	単勝オッズ	体重増減	厩舎
1		❸	⑥	センショウユウト	牡5	54	富田暁	1.08.7		10-10-9 内	**34.1**	⑯	111.7	484+2	栗笹田和
2	△	❻	⑪	タマモティータイム	牝3	52	鮫島良	1.08.7	鼻	1-1-1 内	34.9	①	3.7	462-2	栗南井克
3		❶	②	チェアリングソング	牡3	55	黛　弘	1.08.7	頭	7-7-5 内	34.4	⑧	15.4	466+12	南青木孝
4		❼	⑭	グリンデルヴァルト	牝3	52	丸山元	1.08.8	¾	12-10-9 外	34.2	⑤	8.6	460+4	栗坂口智
5	◎	❻	⑫	バカラクイーン	牝4	52	藤田菜	1.08.9	首	9-7-8 外	34.6	④	7.7	480 0	南武井亮
6	▲	❺	⑨	シャインサンデー	牝6	53	菱田裕	1.09.1	1¼	11-12-12 内	34.4	③	7.1	422+2	北加藤征
7	△	❶	①	コスモアンジュ	牝3	53	丹内祐	1.09.2	½	4-4-2 内	35.1	②	5.2	474 0	北武藤善
8	△	❷	④	ベッラヴォルタ	牝3	52	菊沢一	1.09.3	½	13-16-16 内	34.4	⑨	16.2	480-10	栗加用正
9	◬	❹	⑧	グランドピルエット	牝5	53	横山和	1.09.3	首	15-12-16 中	34.5	⑦	13.8	490-10	南田村康
10		❹	⑦	デンタルバルーン	牝3	51	川又賢	1.09.3	首	13-16-16 内	34.4	⑥	13.5	458 0	栗牧浦充
11		❽	⑯	パリテソーロ	牝4	52	菅原明	1.09.4	首	4-4-5 中	35.3	⑭	81.8	430 0	北加藤和
12	○	❺	⑩	シトラスノキセキ	牝4	52	水口優	1.09.4	鼻	3-2-2 中	35.5	⑪	37.4	430-12	北加藤征
13		❸	⑤	リゲイン	牝4	52	山田敬	1.09.6	1½	8-9-9 中	35.2	⑮	99.1	452 0	栗加用正
14	△	❽	⑮	クラシコ	牡8	55	鮫島駿	1.09.6	首	16-12-12 外	34.8	⑩	23.2	512 0	栗橋口慎
15		❷	③	ドリームジャンボ	牝5	52	杉原誠	1.09.7	首	6-4-5 内	35.6	⑫	52.3	486+2	北南田美
16		❼	⑬	マーマレードガール	牝4	52	森　裕	1.10.0	2	2-3-2 中	36.0	⑬	69.0	466-10	北高橋祥

単⑥11170円　複⑥1760円　⑪200円　②400円　　ブリンカー＝⑥⑪⑩⑮
馬連⑥—⑪26900円㊾　　枠連❸—❻6680円㉓
馬単⑥—⑪84380円174　３連複②⑥⑪92190円238
３連単⑥⑪②1109380円2142
ワイド⑥—⑪9510円㊴　②—⑥13600円㊽　②—⑪1470円⑭

タマモティータイム。３着が８番人気の②チェアリングソングで、３連単がどかーんと１１０万！　シゲ坊はその最低人気の１着馬を推奨していたのだ！

そのメールは昼過ぎに届いていた。なんで気がつかなかったのか。このメールに気がついていたら、単勝はともかく、馬連⑥⑪を１０００円は買っていただろう。⑪タマモティータイムは１番人気の馬で、もともとのシゲ坊の本命でもあるから、この馬連は絶対に買っていた。実際にはそこまでの負けを取り戻すために、３場の最終にどかんどかんと入れてすべて外れ。負債を大幅にふやしてしまったのだが、そういうふうにヤケになっていたときなので（これがいけないのだが）、シゲ坊推奨の馬に飛びつくのは目に見えている。ワイド⑥⑪も１０００円は買っていただろう。その２頭を軸に、３連複の総流し（これは１００円）を買っていた可能性も高い。３連単はさすがに無理だが、この馬連、ワイド、3連複は間違いなく買っていたはずだ。実際にはそれ以上の額をこの福島最終に突っ込んでいたから、それだけ買っても総額3400円ならOKだ。どうしてシゲ坊のメールを見なかったのか。馬連2万6900円、ワイド9510円、3連複9万2190円。全部当たって、なんとなんと45万になっていた！

そういえば、ずいぶん前に同じようなことがあったのを思い出す。グリーンチャンネルの「競馬場の達人」に出演したときだから、4年前の夏だ。土曜に新潟競馬場でロケしたのだが、朝から飛ばして丸外れ。あのときも函館最終が終わってしばらくしたころに、シゲ坊からメールがきた。「函館最終、買いましたか」。このときは買うつもりでいたのに、つい忘れてしまっていた。メールを見て初めてそのことに気がついた。あ、シゲ坊推奨のレースを買ってない！　結果を見る前に、その目を言うと、「それ、当たっていますよ」とスタッフが言った。なんと、3連複600倍が当たっていたのだ。その日は、テレビに出るということで、いつもの5倍くらいのレートで買っていたので、たぶん1点500円で買っていたはずだから、忘れなければ30万の配当を手にしていたことになる。それに続く2度目のチョンボだ。

この日は天皇賞・秋でアーモンドアイが本当に勝つのか、朝からずっと考えていた。WIN5のためには、それを考えざるを得ない。2着は本当にないのか。いつもなら、1

頭で堅いレースを最初に決めてから、「荒れるレース」を探すのだが、この日は逆に考えてみた。絵に描いたような「荒れるレース」があるのなら、最後の天皇賞でダントツ人気のアーモンドアイ1頭に絞ろう。それがいちばん落ちつくというものだ。ところがこの日は何度検討しても「荒れるレース」がない。無理に「荒れるレース」を作ってもいいのだが、数回その方面で結論を出したものの、なんだかもやもやしてしまうので（どこか違うよなと思ってしまうのである）何度もやり直した。天皇賞以外のレースは堅い決着とするのが、いちばん納得する。気分が落ちつくといえばいいか。となると、天皇賞でアーモンドアイを指名すると、配当がおそろしく安くなるから、外さざるを得ない。というわけで、最後はクロノジェネシス1頭にした。それで36点。アーモンドアイとの2頭にしても72点だから、そうしてもいいのだが、1万そこそこの配当を取りにいく必要はない（実際には3万だったが）。私の検討通りに、天皇賞までの4レースは、2番人気→1番人気→4番人気→2番人気で、堅い決着が続き、リーチがかかった。たとえクロノジェネシスが勝ったとしてもたいした配当ではないが、こうなるとクロノジェネシスを応援。いやあ、無理な願いだった。強えやアーモンドアイ。そのときでもシゲ坊のメールに気がつけば、まだ間に合ったのだ、と思うのである。

平和が戻ってくるのはいつか

ＪＲＡは11月から競馬場への入場者数を大幅に緩和した。これまで通り、「指定席の事前購入者のみ入場可能」ということに変化はないのだが、その数を大幅に増やしたのだ。たとえば東京競馬場の例でいうと、これまでは約１０００人だったのに比べ、この11月からそれを４倍にしたのだ（正確には、これまでが１０４７席、11月からは４３８４席）。この数字を聞いたとき、最初は驚いてしまった。東京競馬場の指定席総数は約５０００であるから、そこに４０００人も入れてしまったら、もう完全に「密」になる。ホントかよ、と思ってしまったが、よく聞いてみると、違っていた。指定席エリアに入れる観客の数は、これまでの倍である約２０００人なのだ。これなら全然、「密」ではない。では、残りの２０００人はどこに入れるのか。なんと一般席に入れるというのだ。とはいっても自由に一般席に座らせるわけではない。ここも指定席扱いにしてしまうのである。それが約２０００席。あの広い東京競馬場の一般席のうちの２０００なら、たぶん「ガラガラ」の状態だろう。なるほど、考えたものである。どちらもこれまで同様に事前予約が必要で、しかも一人1席の発売で（利用できるのは会員のみで同行者は不可）、さらに入場の際には「公的機関発行の写真付き身分証明書」の提示が必要、とまだまだハードルは高いけれど、一歩前進といったところか。

しかし以前のように、ふらっと競馬場に行って、どこをぶらぶら歩いても、空いている一般席のどこに座っても、全然ＯＫ、という事態には遠い。私は指定席党ではあるけれど、競馬場の中をふらふらと歩くのが結構好きなのである。それは、ずっと指定席に座っているると目の前でレースが行われているわけだから、ケンするつもりのレースでもつい参加したくなるからだ。昔は私も1日25レースくらい平気で買っていたが、もうそんなことはやりたくない。だから、勝負レースまでは席を立つ、ということが少なくない。見なければいいのだ。午前中の勝負レースに負けたときも、頭を冷やして冷静になるために、時には競馬場の外に出掛けることとすらある。昼飯を食べに行く、あるいは買いに行く、という名目はあるが、1日25レースくらい平気で買っていた頃はそんな暇はなかった。とにかく馬券を買いたいから競馬場を離れたくない。いまは逆で、しばらく競馬場から離れたい。そうして頭を冷やしてから競馬場に戻ると、結構成績が良かったりするので、一時期はゲン担ぎのように負けると競馬場の外に出掛けたこともある。東京競馬場や中山競馬場はもちろんのこと、新潟競馬場に行った際は外のコンビニまで行くし（これが結構遠い）、小倉競馬場に出撃したときはモノレールに乗って小倉駅近くのうどんやカツカレーを食べに行った。そうか、東京競馬場のときは競馬博物館をのぞいたり、その前の日吉が丘（メモリアル60スタンドと乗馬センターの間にある小高い丘）のあたりを歩いたりするのも好きだ。このあたりはいつも家族連れがビニールシートを敷いて弁当を広げたりしているので、そういう光景を見ると心が和むのである。いまこのあたり一帯はメモリアルスタンドを含めてすべて立ち入りができないようだが、こういう制限も解除されないと、昔の競馬場にはならない。少しずつ緩和していくのだろうと思っていたら、冬が近づくにつれて新型コロナの感染者がまた増え始め、新聞などでは「第三波襲来」と報道されている。いったいどうなるんだろう。

　テレビを見ていたら土曜メインのパドック中継のとき、パドックの周りに観客がたくさんいて、おお、4倍になったんだと実感したが、私があの中に入る日はもうこないのではないかと思ったら、ちょっと淋しくなった。もちろん、いつかはコロナ禍も終わりを告げ、競馬場に平和が戻ってくるだろうが、この「第三波襲来」の報道を見ていると、私の生きているうちは無理なのではないか、という気持ちになってくる。入場人員が1000人から4000人になることはすごい進歩だが、これくらいの緩和では、いくら積み重ねても競馬場を自由にぶらぶらと歩き回る日はかなり遠い。

淋しいのは、馬券が全然当たらないことも大きい。今週、悲観的になっているのは馬券が全然当たらないからでもある。先週もボウズだったが、今週もボウズ。2週連続のボウズはかなりつらい。これでは将来の展望もくそもない。惜しかったのは日曜のアルゼンチン共和国杯。勝った⑱オーソリティ（3番人気）を1円も買ってないのだから惜しくも何ともないが、3着の⑩サンアップルトン（9番人気）を軸にして、しかも2着の②ラストドラフト（6番人気）も買っていたから、なんとかならなかったのか、と思うのである。その3連複が480倍。こんなにつくのなら、⑱オーソリティを買えばよかった。今年の3歳馬は弱いと決めつけすぎた。いまごろ反省しても遅すぎる。もういいんだ。

この「種牡馬辞典」は素晴らしい

田端到・加藤栄『種牡馬事典』（サンクチュアリ出版）は、版元を変えながらもずっと刊行されている人気事典だが、10月末に刊行された今年度版のハービンジャーの項に、ワセダインブルーの名前が載っているのを見て感動してしまった。この事典は、種牡馬ごとに3頭の「特注馬」を挙げているのだが、なんとなんと、ハービンジャーの特注馬に、オープン入りしたばかりのワセダインブルーの名があったのである。そんなに「出世」したとは嬉しい。この「特注馬」に挙げられた馬は、その特徴や狙いのレースなどを書いてあるのもこの事典独特のやり方で、たとえば、ゼンノロブロイの特注馬に挙げられたサンアップルトンの項には「久々に現れた芝の重賞を狙える中長距離砲。アルゼンチン共和国杯でどうだ」とある。繰り返すが、この事典の発売は10月末であり、アルゼンチン共和国杯の前である。ご存じのように、サンアップルトンは9番人気でアルゼンチン共和国杯で3着した。そのアルゼンチン共和国杯の覇者オーソリティは、オルフェーヴルの特注馬に挙がっていて、そこには「シーザリオ一族のステイヤー。一瞬の器用さがないので、来年の目黒記念に向きそう」とある。半年早く来ちゃったんですね。

このように、産駒の特徴を紹介しながら予想も披露するのがこの事典の特徴で、私の記憶が正しければ、その予想が外れて翌年度版で「間違えちゃってごめん」と謝罪したこともあるはずだ。この手の事典は、データを紹介するのが王道で、ある意味では無機質なものなのだが、田端到・加藤栄の『種牡馬事典』は、この例に見るように、すこぶる「感情的」であるのが素晴らしい。その事典の、ハービンジャーの項に選ばれたのだから、光栄である。ちなみに、初登場ワセダインブルーの項は次のように書かれていた。

「4勝のうち、3勝は道悪、1勝は洋芝の札幌。高速馬場で疑い、低速馬場で買い」

そうか、じゃあ無理かなあ。実はこのワセダインブルーが、福島記念に出てきたのである。今週はずっとこの馬の取捨を考えていた。好きな馬は作らない主義、である。だからワセダインブルーも、好きなのではない。気になっているだけだ。2年前の冬の中山（芝2000mの未勝利戦）で、絶対に届きそうにない4コーナー後方から3着に差したとき、たまたまこの馬の複勝を持っていて、いたくしびれてしまったのがきっかけだった。2019年は1勝クラスをなかなか勝ち上がれなかったが、今年の快進撃は素晴らしかった。2020年は、福島記念に出てくるまで6戦して3勝したのだ。馬券ファンに嬉しいのはなかなか人気にならないことで、2着した直後も8番人気だったりするから（このときはそれで勝利）、楽しい。

もっともその間、馬券を当てたのは1回きりで、あとは相手を間違えてばかり。けっして私と相性はよくない。いちばん悔しかったのは今年4月の福島戦（奥の細道特別）だ。その2走前に小倉でようやく1勝クラスを勝ち上がったが、昇級戦で10着と負けたのでこのときは12頭立ての9番人気。しかし自信があったので（惨敗から平気で巻き返すのがこの馬の美点なのだ。しかも馬場は得意の重だし）、ワセダインブルーを軸の3連複を買ったあとで、頭に固定した3連単まで購入。で、本当に勝ったのである。2着が1番人気の馬で、馬連が6280円。その1番人気の馬と2頭軸で、3連複の総流しをしておけば（それでも12頭立てなので、たったの10点だ）、3着が12番人気の馬だったので、3連複は10万円。ワセダインブルーを1着に固定して3連単を買うくらいの自信があったのだから、2着を1番人気に固定して3着を総流しにしておけば（くどいようだが、たったの10点だ）、3連単は65万！　簡単に取れたのである。なんでこの馬券を外したのかというと、1番人気の馬を1円も買っていなかったからだ。バカなんじゃないのお前。このとき4コーナー後方からワセダインブルーが使った足は、37秒6。他馬がバテてもこの馬はバテないので、それで届いてしまうということで、重と洋芝がいいというのはそういうことだろう。

だから今回の福島戦も、雨が降れば面白かったのだが、良馬場のまま。これでは無理だろうなと思ったら、意外に頑張って6着。まだ5歳馬なのであと2年は走れそうだ。来年の冬の小倉か、来夏の福島で重になれば、たぶん人気薄のままだろうから面白い。来夏の函館や札幌でもいいぞ。心配なのは、それまである程度の活躍を示さないと、ハービンジャー産駒にもどんどん出世してくる馬がいるだろうから、『種牡馬事典』の「特注馬」からワセダインブルーが外されてしまいかねないことだ。それも淋しいので、そうだ、来夏の函館記念（確勝を期すために重希望）を勝とう！　そうすれば、「特注馬」の座を維持できるだろう。頑張れ、ワセダインブルー！

4着に泣いた3連休

　JRA－VANの「My注目馬」というページは、気になった馬を登録しておくと、次に出走するとき教えてくれるから大変便利だ。以前何回かやったことがあるが、ふたたび突然登録したのは菊花賞の前日、東京の赤富士Sが終わったときだ。このレースの11番人気、マサハヤニースが最後の直線で伸びかけたとき、進路が塞がれて追えなくなってしまったのである。結果は7着。あのとき進路が塞がれなければ、頭はともかく2着はあったろう。これは次走が狙いだ、と「My注目馬」にさっそく登録することにした。若いころなら、メモしなくても覚えていたが、記憶力が衰えているからもうダメなんである。この「My注目馬」、まだ使い方がよくわからず、なぜ気になっているのか、その理由を書く場所がわからない。ないのかなあ、そういうメモ欄。ただいま、私の「My注目馬」はマサハヤニース1頭しかいないので、気になった理由はわかっているが、気になる馬が10頭や20頭になったら、どうしてこの馬が気になったんだろうと、わからなくなるから、そういうメモ欄は必要だろう。

ところでこのマサハヤニース、父ワークフォース、母父キングカメハメハ。牡の5歳馬、栗東の今野貞一厩舎所属、生産は社台ファーム。今年の春にダートを使われると、1勝クラスと2勝クラスを連勝。半年ぶりに出てきた昇級初戦の中京・白川郷Sを10着と負けたあと、前記の赤富士Sで進路が塞がったのである。ワークフォースだから、時計のかかる芝の中長距離戦がいいのかもしれないが、手元の『種牡馬事典』には「ダートは1着か着外かの両極端」とある。そういえば、マサハヤニースのダート成績は〔2002〕だ。じゃあ、次にダート戦に出てきたら、頭で狙ってみよう。そう思って待機していたら、出てきました。秋の3連休の最終日、月曜の祝日競馬に出てきたんである。東京10R晩秋Sだ。なんと競馬エイトの本紙が▲を打っていた。おお、そんな印をつけたら目立っちゃうからやめてくれ。もっとも他には△が3つ付いているだけだから目立たないか。驚いたのは前日の夜には単勝3番人気であったこと。前走11番人気で7着だった馬だよ、どうして3番人気になるんだよ。やっぱり競馬エイトの本紙印が効いているのか。当日の昼になって5番人気（最終的には6番人気）だから、これでもまだ過剰人気といっていい。とにかく字面だけを見れば、昇級してから10着7着という馬なのだ。7〜8番人気というのが正直なところだろう。

この馬を軸に、相手が抜けないようにヒモ7頭を選んでまずは3連複。次が1番人気③

ヒロイックテイルへの馬連（最終的には20倍）を厚めに買って、⑪マサハヤニースから③ヒロイックテイルへの馬単（約60倍）が押さえ。最後に、⑪マサハヤニースを1着に固定した3連単。万が一があるので、1番人気の③ヒロイックテイルを1着、⑪マサハヤニースを2着に固定した3連単を押さえ。さらに、軸馬から1番人気以外への馬連をお遊びで購入。さあ、どこからでもこい、というくらい突っ込んでしまった。⑪マサハヤニースが頭でくれば、2開催分の負けを一気に挽回できるし、たとえ2着でもこの開催の負けを全部まかなえるだろう。もしも3着ならこの日の負けを補ってチャラだから、それでもいいが、できれば2着か1着がいい。

で、ゴール直前、③ヒロイックテイルが逃げ切り態勢で、番手先行の⑤アイファーキングズ（5番人気）が2番手、インの3番手に粘る⑧タイサイ（8番人気）に、私の軸馬⑪マサハヤニースが迫ってきたのだ。もう逃げ切り寸前の③ヒロイックテイルをかわすことは困難だから、2開催分の負債を一気に取り戻すことは不可能だ。2番手にいる⑤アイファーキングズをかわすことも絶望的なので、この開催の負債を埋めることも諦めよう。しかし3番手にいる⑧タイサイをかわせれば、とりあえずは3連複がヒットする。その3連複は65倍とたいしたことはないが、私はこの目を1000円持っている。もうこれでいい。これで十分だ。「差せ差せ差せ」「デムーロデムーロ」とテレビに向かって叫ぶと、おお、

⑪が⑧をかわして3着に上がる。よしそれでいい。そのままそのまま。そこに外から差してきたのが、⑫テトラルキア。やめなさい石橋。私の好きなジョッキーだが、ここだけはやめてくれ。私の願いもむなしく、ゴール直前で、⑪マサハヤニースは⑫テトラルキアに差されて4着。

その前日のマイルCSを思い出す。パドックで気配の目立った⑪スカーレットカラー（13番人気）に注目し、④グランアレグリアを1着、⑪スカーレットカラーを3着に固定して2着に5頭を置くフォーメーションを買うと、⑪スカーレットカラーがインから鋭く伸びるものの痛恨の4着。この3連休は、コロナ患者が急増していたので「我慢の3連休」とテレビなどで報道されていたが、私には「4着に泣いた3連休」であった。

今週もボウズだ！

ジャパンC当日の昼前に、アキラからメールがきた。3強の単勝馬券がネットで売っているという。添付されていた写真を見ると、100円の単勝馬券である。1枚の馬券に3頭の単勝を並べて印字している馬券もあれば、1枚ずつ3頭の単勝が別個になっているやつもあり、いろいろだ。大半が「送料無料」となっていた。価格もさまざまで、私が見た中でいちばん安いものは3枚セットで500円。これ、元値が300円かかっていて、さらに送料もかかるなら、売ったところでたいした儲けにはならない。歴史的なジャパンCであるので、3頭の単勝馬券を手元に置いておきたいと思うファンへのボランティアとしか思えない。

途端に、ディープインパクトを思い出した。あのときもダービー当日の昼に、ディープインパクトの100円の単勝馬券が300円でネットに出たのだ。そのときは意味がわからなかった。だって、まだ昼なのである。馬券は誰にでも買えるのである。それがどうして3倍もするのか。そのとき一緒に競馬場に行った知人が教えてくれたのだが、私たちは東京競馬場にいるから馬券を買うことができるけれど、遠方の人は東京競馬場に行くと往復の交通費が発生する。その交通費を考えると、300円で買えるのは安いというのだ。でも、ダービーの馬券は全国の場外で売っているぜ、遠方の人が東京競馬場にこなくても馬券を買うことができる、と言うと、東京競馬場で売っている馬券でないとダメなんだという。いまはどうなのか知らないが、ちょうどそのころ、馬券コレクションというのが流行っていて、その要諦は、100円の単勝馬券であること、現地の競馬場で買った馬券であること、この2点が大事なんだという。馬券の左下に、その馬券がどこで発券したものか印字されますね。そこにダービーの馬券なら「東京競馬場」となければダメというか、価値がないんだという。今回のネットで売りに出された馬券を見ると、左下に「東京」の文字が見える。あれ、昔は「東京競馬場」だったような気がするが、変わったんだろうか。それとも私の記憶違いか。そうか、ディープのころとは違って、いまは東京競馬場に入場できる人は限定されているから「現地馬券」は貴重かもしれない。

ディープインパクトのころは、JRAの馬券が硬券から軟券に切り替わるころで、関西はすでに切り替わっていたが、関東は過渡期だったので、2種類の馬券が存在した。ディープインパクトは関西で連勝したあと、関東で弥生賞、皐月賞、ダービーと3連勝。つまり、ダービーを終えた段階で5戦を消化していたが、そこまでの馬券をコンプリートするためには8種類の馬券が必要だった。関西の2戦は軟券のみなので2枚でいいが、関東の3戦は硬券と軟券の2種あったから、3枚ではなくその倍の6枚が必要なのだ。いや、当時の馬券コレクターの話ですよ。一般のファンには何の関係もない話である。ダービーが終わった段階で、その5種8枚のコンプリート馬券がネットで10万円で売られたというから、すごい時代があったものだ。

ジャパンC当日は、そのジャパンCと京阪杯、馬券を買うのはこの2レースだけにした。競馬を始めて、こんなことは初めてである。仕事があるので朝、2〜3レースだけ買って結果は夕方に確認するときなどは、レースを極端に絞って購入したことはあるけれど、朝からずっとテレビの前にいるのに、2レースしか買わないなんて初めてだ。いや、WIN5は買ったので、2レースだけということはないか。いろんなレースにばらばら手を出して、気がつくと負債が積もり積もっていて、肝心のレースのときに、外れたときの負債総額にビビッて突っ込めない、ということが幾度かあった。だったら最初から勝負レースに入れる額を決め、そこにどかんと入れたほうがいいのではないか、と考えたのである。

朝からテレビの前に座っているのに、東京と阪神の最終レースまで馬券を買わないなんてホントにできるのか、また途中で買っちゃうんじゃないの、と思っていたが、初志貫徹。

なぜそんなことができたのかというと、この日はＷＩＮ５が難しかったのである。何度やり直しても、しっくりこないから、大変であった。さらに、ジャパンＣも考えれば考えるほどわからなくなって、ああでもないこうでもないと検討の繰り返し。そんなことをしていると時間はどんどん過ぎていき、あっという間に２場の最終レースがきてしまった。その前にＷＩＮ５は一発目で終わっていたが（１番人気を指名していなかったのだ）、ジャパンＣもアーモンドアイの頭を買っていなかったので、外れ。京阪杯も全然関係なく終わり、検討は長くても、終わるのは早い。ばらばら買っても、レースを絞ってどかんと買っても当たらなければ負債総額は変わらず、今週もボウズで全治１カ月。もうダメだ。立ち直る日はくるんだろうか。

大丈夫かオレ

日曜日の夕方、競馬が終わったのでザッピングしていたら、北九州グルメを紹介する番組で手が止まった。北九州なら詳しいぜ。なにしろ、今年は行けなかったが、去年まで15~16年間、毎年夏に行っていたのだ。ソチ五輪の年は2月にも行った。最初のころはホテルと競馬場の往復だけで、あとは土曜の夜に飲み屋に行くくらいだったが、この6~7年はグルメに目覚めたのでいろいろなものを食べてきた。観覧車のあるショッピングモール、チャチャタウンまでぶらぶら歩いて、むっちゃん万十を食べに行ったこともある。これ、福岡が発祥の饅頭だが、小倉にも店があるのだ。

夏に鍋を食べることを知ったのも小倉が初体験。えーっ、夏に鍋?と驚いたら、オサムやユーちゃん、そしてミー子たちの現地組に、こっちでは1年中ですよ、と呆れられた。鉄なべ餃子も、カレーの龍のカツカレーも、資さんうどんのごぼ天うどんも（サイドメニューのぼた餅は食べ忘れたが）、堪能してきた。そうだ、シロヤのサニーパンもある。これはフランスパンの生地に練乳を入れたもので、油断していると練乳が垂れてきて、手がべとべとになる。さあ、何が出てくるんだと思っていると、テレビでいきなり紹介されたのが、ＯＣＭのサンドイッチ。何、それ？

現地の人のインタビューも流れたが、小倉では、もつ鍋とうどんとＯＣＭのサンドイッチですよ、とサラリーマン氏が言う。えーっ、そんなの初めて聞いた。ＯＣＭは創業42年のサンドイッチ専門店で、食パンに挟む具を2種選べるが、具の料金は2種の合計ではなく、高いほうの具の料金のみという変則システムだ。オリジナルのミートソースとチキンの組み合わせを現地の女性が推奨していたが、本当においしそう。さっそく、福岡のオサムにラインを送った。すると、いま同じ番組を見てましたと、すぐにラインが返ってきた。おお、全国放送なのか。行ったことがある？との質問には、ユーちゃんたちとずっと前に行きました、有名な店ですよ、だって。おいおい、おれは聞いてないぞ。そうか、15～16年通ったとはいっても、まだまだ私の知らないことはあるのだ。今度小倉にきたらぜひ行きましょう、とオサムは書いてきたが、いつになったら小倉に行けるんだろうか。

その日曜は、中山10Rから馬券を買うつもりだったが、それまでは暇だなあと書いたら、中山1Rは⑭カツノサンキュウ（2番人気）から馬連を買います、とアキラが書いてきた。やめろよ、1Rから買うなんて。そんな話を聞くとおれも買いたくなるから。そこまでは半分冗談でラインしていたのだが、本当にむずむずしてきて中山1Rの馬券を買ったのが、この日の間違い。アキラの推奨馬とは違う馬から私は買ったのだが、二人の買った馬はどちらも着外。それはいいのだが、問題はそれで火がついてしまったことだ。特に、阪神1Rがよくなかった。2歳未勝利のダート1200m戦だが、6番人気の⑤ペプチドハオーから3連複を買ったのである。5番人気に支持された前走の新馬戦では、番手先行したものの、直線でいっぱいになりあとはずるずる下がって12頭立ての10着。今度はダート戦である。モーリス産駒であるから、ダート替わりはいい。午前中の未勝利戦はこういうダート替わりが狙い目だ。

というわけで、その馬から手広く買ったのだが、なんと痛恨の出遅れ。1200m戦で出遅れは致命的だ。あああ、朝から馬券なんて買うんじゃなかった、と後悔し、ぼんやりレースを見ていたら、4コーナー後方から外を差してきた。最初は、ふーんと見ていたが、その脚いろがなかなかにいい。まさか、そんなことは——あるわけないよな、と思いながら、テレビの前で立ち上がってしまった。ぐんぐんぐんぐん伸びてくるのだ。本当か、ホントにお前は届くのか！　「富田富田富田！」「とみたとみたとみた！」「TOMITAとみた富田トミタ！」と連呼。いやあ、すごい脚だった。内で3番手に粘る④デイジームーンと鼻面を揃えたところがゴール。その④もダート替わりの馬だったが、写真判定の結果はハナ差で⑤ペプチドハオーは4着。あとで調べたら、1～2着が1～2番人気の馬だったので、たとえ⑤ペプチドハオーが3着に届いても、3連複は52倍。たいした配当ではない。しかし、中山1Rで火がついた馬券熱は、この阪神1Rで盛大に盛り上がった。面白いじゃん、競馬。

各場の3Rまでどんどん手を出して、1本も当たらなかったが、朝からばしばし馬券を買っていた昔をすっかり思い出した。阪神4Rの障害戦まで手を出して（これもアキラが買うというから、ついふらふらと）、1日の購入レース数が20レースを超えたのは実に久々だ。しかも中京のチャンピオンズCでは、1レースに入れる金額としてはこの数年で最大というくらい突っ込んでしまった。なんであんなに自信があったのだろう。終わってみたらボウズで全治2カ月。大丈夫かオレ。

リハビリ馬連のすすめ

阪神JFの朝、前日の収支を成績ノートに記入して気がついたのだが、この16日間、プラスになった日が1日もない。なんと2カ月負け続けなのだ。特に、直近の8日間はほぼボウズの連続。ほぼ、というのはその間、2回だけ極端に安い配当を取ったことがあるからだ。屁のつっかいにもならないような金額だから、ようするに2カ月間、ボウズに等しい。そこで、日曜の午前中は、複勝だけを買うことにした。いつもの複勝ころがしをやるのではなく、リハビリのために、1頭を選ぶ練習である。ダントツ人気馬の複勝1・2倍なんて買っても、練習にはならないから、2倍以上つく複勝に限定。中山1Rの⑤エバーサニーハート（8番人気）、中京1Rの⑮ミルトボス（5番人気）、中山2Rの①フレーゲル（5番人気）、中山3Rの⑯ビーナスオーキッド（3番人気）、中京3Rの⑮サノノクヒオ（2番人気）と、面白そうな馬を選んだが、結果は4着、6着、6着、5着、12着。続いて阪神4Rの新馬戦も買おうと思ったが、2番人気⑨ゼニスの複オッズが1・6倍だったので中止。こんなの買っても練習にならない。ところがこの馬が1着し、その複勝が200円。2〜3着に超人気薄が飛び込んだためと思われるが、これでやる気がなくなってしまった。

　そこで午後は馬連1点買いに変更。というのは、堅そうだよなと思って複オッズを見ると2倍以下という馬が、阪神4Rの⑨ゼニス以外にも結構いて、そういう馬が結果に結びつくことも少なくなかったからだ。たとえば中京1Rのパドックで超ぴかぴかだったのは、⑯カズロレアートだが、この馬は1番人気で、複オッズは1・5倍。そこで5番人気の⑮ミルトボスに変更してしまったのだが、この日の午前中のパドックで超ぴかぴかだったのは、この⑯カズロレアートだけ。このことがずっと気になっていた。

　で、午前中の複勝練習が失敗したあと、だったらまず連軸を決め、相手を1頭選んで馬連を買うのはどうかと考えたのだ。この場合は、馬連オッズが10倍前後より上に限定。9倍はいいけれど、6倍はダメという制限をつけた。すると中山6Rの新馬戦（ダート1800m）でいきなりヒットしたから驚いた。私の軸馬は⑫スマイルヴィヴァン。この馬の相手探しにした。パイロ産駒なので、同じ産駒の⑪トムティットを買いたくなったが（馬連オッズは19倍）、競馬エイト本紙が⑩カフェプリンセスに本命を打っていたので、この馬にした。直前オッズは12倍。すると、⑩カフェプリンセスがぽんとハナを取って先頭に立ち、⑧ビリーヴィンミーが2番手、そのうしろに⑫スマイルヴィヴァン。この態勢で2、3、

4コーナーを回っていく。直線を向くと⑩カフェプリンセスがぐんぐん脚を伸ばして独走態勢だ。あとは、⑫スマイルヴィヴァンが⑧ビリーヴインミーをかわせば、私の馬連がヒットするが、その期待通りに⑫スマイルヴィヴァンが2番手に上がると、ほぼこれで決まり。最後の200mは安心して見ていられるという余裕のフィニッシュだ。馬連は900円に下がっていたが、十分である。ちなみに、⑫スマイルヴィヴァンの複勝は150円。つまり、複勝リハビリでは選べない馬だ。馬連の軸にしたから選べたのである。

面白いじゃん馬連、と中京7R、中京8Rと馬連1点リハビリを決行。その2レースはいいところなく外れたが、面白かったのが中京9R。3歳以上1勝クラスのダート1800m戦だが、私が選んだ軸馬は⑪メイショウドヒョウ。2番人気で、その複勝は1・5倍だから、複勝リハビリでは選べないが、馬連の軸なら大丈夫。このレースの1番人気は前走で未勝利戦を勝ったばかりの⑩プロミストウォリア。不良のダートを勝ち上がったマジェスティックウォリアー産駒だ。今度は良馬場だから、前走のように強い競馬ができるかどうかは未知数である。ならば蹴飛ばす一手だろうとこのレースを選んだのだが、馬連の相手はキズナ産駒の⑥レッドレビンにした。3番人気だが、2番人気の⑪との馬連がなんと18倍。これはおいしい。念のためにワイドのオッズも調べたが、こちらは5・5倍。安全策ならワイドがいいが、それではリハビリにならない。1番人気の⑩プロミストウォリアが先頭に立ち、私の軸馬⑪メイショウドヒョウが2番手、その後ろに⑥レッドレビンという態勢で、途中から仕掛けていった馬もいたが、ほぼその順序。4コーナーを回って、⑪メイショウドヒョウが先頭に躍り出て、2番手で粘る⑩プロミストウォリアに、⑥レッドレビンが迫ってくる。「よし、こい。トミタ！」。ゴール200m前で、⑩プロミストウォリアが一度ヨレたが、すぐに態勢を立て直す。⑪メイショウドヒョウの1着はもう確定で、あとは⑥レッドレビンが⑩プロミストウォリアをかわせば、私の馬連がヒットする。差せ差せ差せ差せ差せ差せ。鼻面を揃えたところがゴールだったが、⑥レッドレビンは無念の3着。おお、面白いぞ馬連！

馬連1点作戦の行方

日曜中京9Rで馬連を1点だけ買ったら、惜しくも外れたという先週の話の続きだが、馬券が外れたというのに、とても面白かった。というのは、ゴール前で思い切り叫べたからである。「差せ差せ差せ！」「差せトミタ！」と何度も叫んで、しかも同タイム（アタマ差）という微差。ホントに惜しかった。この2カ月間、つまらなかったのはずっと負け続けているからだが、その中身が極端に薄いということもある。大半のレースを、ふーんと黙って見ているだけなのだ。叫んだことが一度もない。惜しい局面が一つもないと、ホント、つまらない。その中京9Rを冷静に考えれば、自分の選んだ2頭が、1着と3着にきているのだから、ワイドを買えば的中していたし（この場合は550円）、その2頭に1番人気馬を足して3連複を1点買えば、2410円が的中していた。どうやっても当たっていたレースで、わざわざ外れる馬連を買ったのが私の勝負弱さなのだが、ここはそういう話ではない。ゴール前で叫ぶような局面が欲しいという話である。

その日は中山6Rで900円の馬連を当てたのだが、そのレースよりも外れた中京9Rのほうが面白かったということが、競馬のもう一つの真実を伝えている。中山6Rは先週書いたように、ゴール200m前で態勢が決着し、変わりようがないから、叫べなかったのである。どうやっても変わらないのに、そのままと叫んでも仕方がない。叫ばないで当てるよりも叫んで外したほうが面白い、というのが競馬のもう一つの真実だ。誤解なきように書いておけば、馬券が当たったほうがもちろん嬉しいんですよ。しかし嬉しいことと、楽しいことはまた別なのである。そして、叫ぶには馬連がちょうどいい、というのが先週の結論だった。もちろん、3連複や3連単が当たればそれに越したことはないが、3頭を当てるのは至難の業である。逆に、複勝なら当てやすいが、こちらは配当が安いので叫べない。人はある程度の見返りがあるから叫ぶのである。先週の中京9Rの例で言えば、馬連がヒットすれば1000円が1万8000円になったのである。18倍だぜ。いつも100万円とか200万円とか、でかい見返りを求めている人にとっては屁のような金額かもしれないが、いまの私にはこれで十分だ。というわけで、今週は馬連リハビリ週間とした。まず、軸馬を選び、これはという相手を選んで、10倍前後以上になるときだけ購入。大切なのは相手馬を変えてもいいが、軸馬は変えないこと。守るべきマイルールはそれだけだ。軸馬を見つけられないレース、軸馬はいても相手が絞れないレース、そういうのはどんどんケンしていけばいい。馬券を買うのは、1日に一つか二つでいいのだ。ワイド作戦をやっていた数年前、「厳選3鞍」で実行していたことを思い出す。そうか、この馬連リハビリ作戦も同様に「厳選3鞍」でいこう。

というわけで土曜から実施したが、そんなに簡単に当たるものではなく、土曜は撃沈。やっぱり1点というのは困難か、と思ったが、とりあえず日曜も実施。で、その日曜が惜しかった、という話である。この日の候補は、阪神1R（2歳未勝利のダート1400m戦）の馬連④⑨と、阪神11R朝日杯FSの馬連⑧⑫。この二つはすんなりと決定。オッズは前者が16倍、後者が52倍。10倍前後を狙うというのが基本なのに、朝日杯の狙いが思い切り逸脱しているが、それはまだいい。問題は3つ目がなかなか決まらなかったこと。中山11Rディセンバ－Sの馬連①②と①⑬という目を候補としたものの、そこから絞れなかった。オッズは前者が12倍、後者が25倍。まあ、パドックを見てから決めればいいや、と先送りしたのが失敗であった。阪神1Rを2着4着と外したあとは、テレビの前にいると余計な馬券を買ってしまいそうなので駅前に新聞を買いに行ったりして時間を潰す作戦を採用。それでもずっと外にいるわけにもいかずに帰宅してテレビを見ているうちに、阪神10Rベテルギウスs（3歳以上オープンのダート1800m戦）でむらむらしてきた。8番人気の⑪サトノギャロスを買いたくなったのである。で、相手を2番人気⑩ロードレガリスにして馬連（37倍）を買うと、⑪サトノギャロスは3着、⑩ロードレガリスは5着。これで馬連厳選3鞍のうちの2鞍が終わってしまったことになる。つまり、この日の「馬連1点作戦」の最後は朝日杯と決めているので、中山11Rは見送ってしまったのだ。そのディセンバーSを、⑬トーラスジェミニ（4番人気）が勝ち、①サトノダムゼル（2番人気）が2着しても、まだ事態に気がつかなかった。しばらくしてから、あれっと気がついた。この馬連①⑬は候補にしていた目ではないのか！　①②か①⑬か、ふたつの候補の中から最後に①⑬を選択したかどうかはわからないが、おお、こっちを選んでいたような気がする。その馬連2500円という表示を、じっと見ていたのである。

有馬記念の枠順公開抽選の実況を初めて見た。面白いですね。タレントがまず馬名を引いて、その次にレジェンド岡部が馬名を引き、最後に騎手のコメントを電話で聞くというかたちで進行していくのだが、２番目にオセアグレイトが15番になり、横山典のコメントが「岡部さん、なんてことしてくれるの」。場内に観客がいれば（今年は無観客）、どっと沸いただろう。結果的には7枠２頭が２〜３着になったのだから、必ずしも外枠が不利ではなかったということになるが、そういうふうに喧伝されていたから、思わず愚痴ってしまったのだろう。レジェンド岡部に対してそんなことを言えるのも横山典ならではで、役者が揃うと舞台が映えるということだ。

というわけで、２０２０年の競馬も有馬記念で終わってしまったが、こんなに激動の１年もなかった。今年も「Ｇａｌｌｏｐ臨時増刊　ＪＲＡ重賞年鑑」が発売になり、私はそこでフェブラリーＳの項を書かせていただいているのだが、フェブラリーＳが行われた２

月23日の朝の光景を、あとになって何度も思い出した。東京競馬場の2階入場門を入ったところの左側に台があり、そこに消毒液の瓶が置いてあったのである。そこに手をかざしていく人もいたけれど、そういう人は半分以下。圧倒的多数はそのまま素通りだった。実は私もそのときスルーした。まさかその後、こんなことになろうとは夢にも思っていなかったのだ。あのときの消毒液の瓶を、時折思い出す。その日を最後に、私は競馬場に行ってない。

実は２０１９年秋に、菊花賞を観戦するために京都競馬場に行ったとき、遠征はこれが最後になるかも、とオサムに話した。私が最初に遠征したのは本紙創刊の翌年、１９９４年の夏。畏友・亀和田武に誘われて小倉競馬場に行ったときだ。２０２０年に亡くなった「かなざわいっせい」もそのとき同行していた。その翌年、１９９５年に京都競馬場に行き（マヤノトップガンが菊花賞に勝ったときだ）、それから各地の競馬場に行くようになり、この5～6年は年に10回前後は旅競馬を楽しんできた。できれば、そういう生活をずっとしていきたいが、もう年齢が年齢だし、遠征生活からは足を洗おうと決めたのである。ところが、このコロナ禍で遠征どころか競馬場そのものに行けなくなり（その後一部は解禁になったものの、フル解禁への道は遠い）、ずっと競馬場に行かない日が続いている。こうなるとなんだか悔しい。自分で行かないと決めるのはいいけれど、行っちゃダメ、と決められるのはコノヤロなのである。昔のように年に何度も遠征に行く日々はもう送らないけど、このコロナ禍が終わりを告げて、競馬場がフル解禁になったら、一度は遠征に出たいという気持ちがむくむくと湧いてきている。古い競馬友達のミー子が小倉で和食の店を始めたという知らせがきたので、最後に一度だけ小倉を再訪したいのである。それまで元気でいられるかは保証のかぎりではないが、なるべくなら元気でいたい。

２０２０年の最終日はホント、楽しかった。誤解されないように書いておけば、馬券が当たりまくったわけではない。有馬記念も外れたし、終わってみたら全治１カ月。いつものように負けただけである。でも、毎日有馬記念をやってくれ、と思った。ああでもないこうでもない、と考えるのがこんなに楽しいレースも久々であった。終わってみれば、上位人気２頭の間に、人気薄の馬が挟まるという有馬ではよく見かけるパターンだったが、この「よくあるパターン」というやつが何個もあるから、どのパターンなのかがレースの前にはわからない。アキラから「買い目がどんどん増えていきます」と途中でラインが入ったが、その気持ち、よくわかる。

年内最終日は、阪神８Ｒ（３歳以上１勝クラスのダート１８００ｍ戦）で、「馬連１点作戦」が久々にヒット。４番人気⑨ロッキーサンダーの相手を、迷って迷って３番人気⑥ラヴィンフォールとしたのだが、最後のゴール前、先に抜け出した⑨ロッキーサンダーの２番手に残るのが⑩タガノウィリアム（２番人気）。そこに、⑥ラヴィンフォールが迫ってきたのだが、これがなかなか抜けない。「ハヤトハヤト！」「差せ差せ差せ！」とテレビに向かって何度も叫び、ハナだけかわしたところがゴール。馬連⑥⑨は２０００円だったので、配当は2万円。しかしこの日当たったのはこれだけでは焼け石に水。でも、成績は全治1カ月でも一つは当たったし、有馬記念の予想もいろいろ考えてとても充実していたし、なんだか楽しい最終日だった。来年からはレートを極端に下げることをただいまは計画中で（そうしないともうもたない！）、１００円馬券師への道が俄然クローズアップされているが、とりあえず今年1年無事に終わったことを感謝したい。来年は競馬場に行けますように、と祈るのである。

あとがき

本書は、２０２０年に競馬週刊誌「Ｇａｌｌｏｐ」に連載したエッセイをまとめたもので、ようするに、1年間の馬券奮闘記である。ゲラを読んでいたら忘れていることが多いので（いくら1年前のこととはいえ、覚えていることのほうが少ないのはびっくりだ）、作者がこんなことを言ってはいけないのだが、ホント、面白かった。

午前中のレースや、午後のレースでも特別ではなくて平場戦の話が多いので、その結果をすでに忘れていることが少なくないのだ。だから本書で、このバカ（私のことだ）が買った馬券が当たったのか外れたのか、最後まで読まないとわからない。さすがに秋の天皇賞やジャパンカップの勝ち馬くらいは覚えているが、私は午前中の名もないレースを買うのが好きなので、そんなレースの結果など、覚えているわけがない。だから、こういうエッセイで振り返ると、とてもスリリングだ。もしかすると当たったのかと、手に汗を握るのである。まあ、馬券を外すことが多いのは否定しないけれど、ほんの時々は当たったりするから、時には、おお、当たったのかと感動するのである。

ここに書かれているのは1年以上も前のことが多いので、冒頭いきなり、今年は3連単を買う、と宣言していることにまず、驚いた。で、夏を過ぎても3連単を買っていたりするのだ。そんなに買っていたかなあ。気になったので、1年前に出た『外れ馬券にさよならを』(これは2019年の馬券顛末記だ)のあとがきをチェックしてみたら、「2019年は3連単を買っていたことをすっかり忘れていた」とあった。ようするに、2019年も2020年も、3連単を買っているのに、本人は忘れているということだ。

これにはもう一つ、理由がある。2019年も2020年も、そして今年2021年も(今年の場合はまだ前半にすぎないが)、3連単をたしかに買ってはいるが、それが自分の馬券作戦の中心にはなっていない。いまが(つまり2021年の前半のことだ)そうだから断言できるのだが、多いのは馬連や3連複である。で、時々、3連単を買っている。あくまでも時々だ。ところが3連単のほうが印象が強いので、こうして回顧録を書くときにはそちらが多くなってしまうから、あたかも馬券作戦の中心になっているように錯覚するのだ。たぶん、そういうことだろうと思う。

コロナ禍における競馬開催についても書いておく。一つの証言として後世の人に伝えたいのだ。２０２０年の2月末から無観客競馬になり、10月に一部観客を入れるようになったが、その後、無観客→指定客の一部だけ入場許可→無観客→指定客の一部だけ入場許可、というサイクルを繰り返している。この間、私の競馬友達のオサムとアキラが、小倉と東京の指定席が一度ずつ当たったものの、直前になって無観客になって入れなかったということがあった。新型コロナ感染症の患者が増えたり減ったりしているからだ。２０２０年のダービーはとうとう無観客で開催されたが、２０２1年のダービーは2年ぶりに一部の観客を入れて開催。私は行けなかったけれど、実に感慨深い。競馬場が完全に以前の状態に戻るのがいつなのか、現時点では皆目わからないが、確実に一歩ずつ進んでいるようではある。

私の個人的な財産は、これまで地元だけでなく、全国各地の競馬場に出かけた記憶と思い出があることだ。場内に誰もいない競馬場をテレビで見ながら、あのときはこうだった、このときはこうだったと、記憶を反芻できるのである。つまり記憶に奥行きがある。だから、昔のことを思い出していると、妙な言い方になるが、飽きないので助かっている。

２０２０年は、グループＬＩＮＥが大活躍したのも大きな特徴であった。それ以前から、福岡のオサム、新宿のアキラ、東京都下の私と、離れ離れに住んでいる競馬仲間がグループＬＩＮＥを活用していたけれど、２０２０年に無観客競馬が始まると、それはもう活発になった。みんな、一人ずつそれぞれの家でテレビを見ているだけなので、孤独なのである。だから、どんどんメッセージを書き込んでいく。しばらく書き込んでこないと、外出したか、寝落ちしたかだ。時には前日から予想を披露したり、そのままとレース中に書き込んだり、それはもう忙しい。なんだかみんなで一緒に競馬場にいるみたいだ。２０２１年春にスマホ・デビューしたトシキが参加してきたので、私たちのグループＬＩＮＥは４人になったが、これがなかったら、おそろしく淋しかったに違いない。ＬＩＮＥに深く感謝する次第である

２０２１年６月

藤代三郎

藤代　三郎（ふじしろ　さぶろう）
1946年東京生まれ。明治大学文学部卒。ミステリーと野球とギャンブルを愛する二児の父。著書に、『戒厳令下のチンチロリン』（角川文庫）、『鉄火場の競馬作法』（光文社）、『外れ馬券に祝福を』『外れ馬券は人生である』『外れ馬券に友つどう』『外れ馬券で20年』『外れ馬券が多すぎる』『外れ馬券は終わらない』『外れ馬券に乾杯！』『外れ馬券を撃ち破れ』『外れ馬券に挨拶を』『外れ馬券に約束を』『外れ馬券にさよならを』（ミデアム出版社）。

外れ馬券に帆を上げて

二〇二一年八月一日　第一刷

著　者　藤代三郎
発行者　大島昭夫
発行所　株式会社ミデアム出版社
東京都杉並区下高井戸二―一七―一八
電話　〇三（三三二二四）一二七五
郵便番号一六八―〇〇七三
印刷・製本　図書印刷㈱
＊万一落丁乱丁の場合はお取替えいたします
＊定価はカバーに表示してあります

ISBN978-4-86411-132-4　本文DTP／トモスクラブ